营销管理实战思维

阎先强 ◎ 著

中国出版集团 | 全国百佳图书
中国民主法制出版社 | 出版单位

图书在版编目（CIP）数据

营销管理实战思维 / 阎先强著 . —北京：中国民主法制出版社，
2023.9

ISBN 978-7-5162-3354-2

Ⅰ . ①营… Ⅱ . ①阎… Ⅲ . ①营销管理 Ⅳ . ① F713.56

中国国家版本馆 CIP 数据核字 (2023) 第 158047 号

图书出品人：刘海涛
出 版 统 筹：石　松
责 任 编 辑：张佳彬　姜　华

书　　名／营销管理实战思维
作　　者／阎先强　著

出版·发行／中国民主法制出版社
地址／北京市丰台区右安门外玉林里 7 号（100069）
电话／（010）63055259（总编室）　63058068　63057714（营销中心）
传真／（010）63055259
http：// www.npcpub.com
E-mail：mzfz@npcpub.com
经销／新华书店
开本／16 开　710 毫米 ×1000 毫米
印张／17　**字数**／244 千字
版本／2024 年 1 月第 1 版　　2024 年 1 月第 1 次印刷
印刷／三河市腾飞印务有限公司

书号／ ISBN 978-7-5162-3354-2
定价／ 59.80 元

前言一

综观近年全球经济发展的趋势，"中美贸易战"已然成为影响宏观经济发展的重要因素之一。谈到"中美贸易战"，就不得不提到经济全球化的发展趋势。在"中美贸易战"的大背景下，经济全球化呈现低迷状态，美国随之"逆全球化"的一系列政策接踵而来，从而给世界经济的稳定带来一定风险。我们在此不去考虑国家的战略，个人的视野毕竟有限，但需要我们思考的是，在不稳定因素不断增多的当下，作为企业管理者和劳动者，应该怎么样实现更高效率的增长？

麦肯锡全球研究所曾在 2019 年发布了一篇《全球化大转型，贸易和价值链的未来在何方》的报告。该报告分析了跨越 43 个国家的 23 个行业价值链，研究了 1995—2017 年间全球贸易、生产和国际参与的变化。这份报告认为全球化已经进入一个新的篇章，同时该报告详述了在未来 30 年全球化趋势的五大改变。

众所周知，中国过去 20 年的发展是在世界全球化的大环境之下进行的。在过去 20 年里，中国依靠全球化的浪潮实现经济高速发展，某种意义而言，没有全球化浪潮，就不会有中国的经济繁荣的浪潮。可全球化发展至今，也已然出现了一定的瓶颈或者说十字路口。如果我们再按照过去的视角去看待全球化的话，必然会被时代所淘汰。那么，"新型全球化"到底发生了怎样的改变呢？

麦肯锡是世界最知名的策略咨询公司，其提供的报告也被世界认为是最专业及最具有前瞻性的。本次在报告《全球化大转型》中，其提到五大转型方向：

1. 商品贸易日渐萎缩；

2. 服务贸易快速增加；

3. 劳动力成本重要性持续下降；

4. 创新研发越发重要；

5. 区域贸易更加集中。

如果全球化可以像工业发展那样划分成"1.0""2.0""3.0""4.0"的话，无疑全球化已经从 1.0 时代的劳动密集型制造业转变为资本密集型制造业。资本家需要的不是对于低廉劳工的投入，而是对于智能生产线的投入。这一"全球化 2.0 趋势"，势必将一定程度遏制一些 GDP（国内生产总值）较低国家过度依靠廉价劳动力发展的红利。另外，作为企业家，如果还只寄希望于将工厂搬到人工成本更廉价的地方去的话，那你这个企业在未来必定是难以生存的。在"全球化 2.0 时代"，产业研发的成本支出持续上升，且越具有开创性的企业，越将大笔资金投入创新和研发中。简单而言，过去企业家靠低劳力成本来获取暴利的时代已经过去了，未来企业家再想要获取高额利润，只有技术垄断或创新革命两条路。

再来看全球化贸易的价值链结构。我们说一个产业或一项产品，其价值链主要分为三部分，即上游研发、中游生产及下游销售。"全球化 1.0 时代"，上游研发是被忽略的一部分。企业主要精力是放在多招廉价工人以及多生产和绞尽脑汁推出各种销售手段来提高销量。而在"全球化 2.0 时代"，新的趋势则是——中游生产端的价值正在不断减弱，上游研发端的重要性则不断上升，下游的营销和售后服务也有一定比例的上升。也就是说，一场重研发和营销、轻生产的价值链变革已经开始。

全球化是一场与科技革命紧密相关的世界格局大战。目前来看，主要的参赛三方，中国和欧盟是力主全球化的。而以美国政府为代表的西方国家则设计了一套仅有利于自己且控制经济产业链的秩序。凭借着目前尚存的霸权优势，美国确实可以暂时挡住新全球化的浪潮。但只要西方还是资本主义信条，只要资本家务求不断逐利，那"全球化 2.0"的趋势就是势不可挡的。

"全球化 1.0"已经给一大批发达国家的中低收入群体带来较为严重的生活危机，工作机会外流、降薪、失业而导致生活大不如前。而"全球化 2.0"，从其呈现出来的面貌来看，将给更多的国家带来新的挑战。无论是发达国家还是发展中国家，都将面临一系列的发展危机。价值链中，过去占据重要位置的生产端将快速被智能生产取代。一座座无人工厂的诞生，让更多剩余的劳动力失业。过去一大群人挤在一条生产线上，一声不响地干一天的场景，将会一去不复返。要么涌向上游的创新研发端，要么流入下游的营销销售端。

"全球化 2.0"，对很多人来说，或许也是一场灾难，它将真正促成阶级分化更加明显，贫富差距也愈加拉大。对于供应链的两极分化，还没有做好准备的，无法向创新研发端涌入的劳动者，唯一的方向就是往营销销售端涌入。

本书不仅是为企业管理人员提供营销思路，更为广大的只能从事营销端的劳动者寻找出路。

本书对新五感营销（货、环、人、客、资）进行拓展，将企业成功营销的七大要素系统的思维观、正确的财务观、有吸引力的产品观、颠覆性的营销观、流程化的销售观、朋友式的客户关系、伯乐式的人才观，通过真实的案例展现给各位读者。作为一个帮助营销人员全面开拓思维的效能的训练课程，希望能够帮助销售人员快速成长！甚至简单地模仿就能取得革命性的进展。

愿天下的营销成本都变得低廉，让天下的营销都变得简单。

前言二

说到企业成功，企业的各位负责人第一个想到的就是打造一支有势能的团队，从而开展更多的生意，以及实现更多的所有者权益。但归根结底，都离不开"营销"这两个字。

那我们回顾一下传统营销理论的演化，看看我们能从中得出什么结论。

20世纪60年代，美国营销学学者杰罗姆·麦卡锡教授提出"4P"理论：产品（Product）、价格（Price）、渠道（Place）、促销（Promotion）。其实，也就是要解决卖什么、以什么价格卖、在哪里卖、如何卖得更好的问题。

20世纪70年代，美国营销专家艾尔·里斯（Al Ries）与杰克·特劳特（Jack Trout）提出定位理论。其本质是，在预期客户的头脑里给产品定位，确保产品在预期客户头脑里占据一个真正有价值的地位，使品牌成为某个类别或某种特性的代名词。

iPhone（苹果手机）曾在日本的市场占有率超过50%。民众甚至私下都流传着这样的说法："日本的学生，如果不用iPhone都不敢进教室，因为怕被别的孩子欺负。"用iPhone就可以凸显自己的身份和地位，iPhone也一度成为高端、价格高昂的代名词。所以，即便在近年内，它的内在的硬件的性能变化不大的情况下，它发布的最新款依然会受到大家追捧。因为新款永远和旧款在外观上有一点让人能快速识别出来的地方，用新款等于是告诉伙伴，"看，我就是一直在用新款的iPhone"。这就是我们营销中常说的"可视化"营销。

笔者以前有一个同事，跟笔者说她老公给他买了一款新的 iPhone 6S，还特别指出是玫瑰金的颜色。笔者就问她为什么没有选别的颜色，她说："如果是买了别的颜色，谁知道是 iPhone 6 还是'6S'啊！"

当时，从外观上看，新一代的 iPhone 6S 和上一代的 iPhone 6 几乎没有什么差别，iPhone 6S 就是比 iPhone 6 多了一款叫作玫瑰金的颜色。结果，玫瑰金的那款颜色就被买断了货，价格不断地往上涨，据说市场上炒到了比官网上要贵 2000 元以上，其他的颜色关注度要差了好多，甚至还在跌价销售。这再次证实了果粉只求最新款的心态，甚至当时有人私下调侃道："既然玫瑰金这么抢手，苹果的高管全部只生产玫瑰金不就完了吗，干吗还需要再生产其他的颜色呢？"

"可视化"这个概念在乔纳·伯杰《疯传》一书中有详尽的描述，将产品的优势，通过显而易见的形式准确地传播给消费者，从而达到"可视化"的口碑传播。当产品的好处不能被别人轻易看到的时候，是不会有人传播的，这叫作"可视化原则"。让你的受众自主地宣传你的产品，这才能让你的产品达到"疯传"的效果。

在营销上又叫作"消费消费者的行为剩余"，通俗点讲，就是既赚了消费者的钱，还让消费者为其做广告。

就像大家在微博等某些社交媒体里发信息，只要设置后就会显示来自××手机，这就是手机厂商利用客户在无形中做广告。又譬如，麦当劳和肯德基的打包袋上印有其品牌 Logo（标志），就是让消费者无意间为其做广告。大家穿戴的有巨大 Logo 的某品牌衣服都是商家利用"可视化"的原理在做营销推广。

20 世纪 90 年代，美国营销学家罗伯特·劳特朋（Robert F. Lauterborn）提出"4C"理论，即市场营销组合的四个基本要素为：消费者（Consumer）、成本（Cost）、便利（Convenience）、沟通（Comunication）。其思想的本质却和"4P"是完全对立的，其中最经典的解读是忘掉产品，考虑消费者的需要和欲求；忘掉定价，考虑消费者为满足其需求愿意付出多少；忘掉渠道，考虑如何让消费者方便；忘掉促销，考虑如何同消费者进行双向沟通。

20 世纪 90 年代，美国西北大学教授唐·E. 舒尔茨（Don E.Schultz）提出 IMC（Integrated Marketing Comunications），即整合营销传播。这套理论称霸 21 世纪营销界很多年，当然是因为这个理论经得起时间的考验，具有一定的前瞻性，即使和后来到来的互联网时代衔接，也毫无压力。他强调，要以消费者资料库的建立为基础，重视数据的价值，这和大数据时代的核心理念不谋而合；重视"一致性"的声音，即通过不同的手段与方式传递一致的声音，这对全媒体时代信息的传播具有重要的指导意义；提出"关系营销"和"接触点管理"，极大地拓宽了营销的视野，从宏观角度而言，可放眼于整个产业生态圈；从微观角度而言，从公司内部员工到一线的销售人员，着眼于企业的产品和品牌与外界的每一个接触点。

2012 年，美国西北大学教授唐·E. 舒尔茨（Don E.Schultz）提出 SIVA 理论，即"解决方案（solutions）、信息（information）、价值（value）和途径（access）"，营销人员不再主导一切，权力移交到消费者手中，客户或潜在客户成了信息发送者，而不是索取信息的人，组织变成了接收者与呼应者。通常，我们首先有个待解决的问题（solution），也就是常说的"痛点"。比方说，你想出国旅行，紧接着就是搜寻相关的信息（information）。其次考虑的才是自由行还是跟团，以及办签证、机票酒店等。再然后就是对比信息，权衡对自己最有价值的部分（value）。最终通过入口（access）完成预定或者购买，从而解决痛点问题。SIVA 理论的价值在于强调了 One by One（一对一）的品牌沟通对话机会，并且更明晰地刻画了消费者在互联网时代从意图产生到购买达成的动态全过程。SIVA 理论的价值在于，可以让我们意识到，互联网时代营销发展的趋势是由"粗放型"的流量运营方式逐步转变为以消费者意图识别为起点、以数字消费者画像为基础，基于消费者决策路径的营销方式。

2012 年，北京大学教授陈刚提出的 CCM（Creative Comunication Management）

创意传播管理理论中，他首次提出"数字生活空间"的概念，明确了互联网时代的营销主战场及理解消费者的认知基础；将企业的角色定位为"生活服务者"，这是非常具有前瞻性和颠覆性的，其强调了服务生态系统，如今的移动营销、O2O①等其实都是企业在挖掘自身作为"生活服务者"的潜力；同时，他还提出"沟通元"的概念，以及"创意管理"的理念，即带有复制基因的最小传播力度及对由此组合衍生出的不同创意组合进行管理，这也正是如今互联网时代传播的核心。

综观营销理论的演变，从"4P"到定位理论，我们可以看到营销理论在不断地完善；从"4P"到"4C"的对立，我们发现即便是对立的理论从某一种角度看上去都是相通的，说明营销的场景在不断地变化；发展到 20 世纪 90 年代后期我们开始看到数据的影子，再到 21 世纪，我们看到了大家熟悉的痛点、大数据、入口、服务生态、消费者画像等词汇，到现在我们的互联网时代如果不提这几个词汇，好像根本没有办法谈营销。现代营销理论及互联网虽然起源于美国，但如今在中国获得了蓬勃的发展。从世界科技企业前 20 强的名单可以看出，如今中美两国占据了大部分领地。且中国的企业在数据化的大背景下有后发的优势，那就是中国市场拥有庞大的用户群体，可以以数倍于其他国家的速度收集到日常经营生活中产生的数据。只要能分析利用好这些数据，必将为社会、为企业、为用户创造极大的经济价值。

从某种意义上而言，当下时代的企业可以划分为互联网企业和非互联网企业两大类。通过研究互联网公司的市场份额，大致可以得出这样一个结论：互联网行业的市场份额符合幂次定律 $y=x-a$，也就是我们常说的长尾理论（图 0-1）。

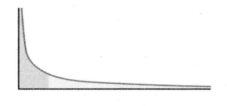

图 0-1

---

① 即 Online To Offline（线上到线下），让互联网成为线下交易的前台。

就拿国内的搜索引擎来说吧，百度占有 60% 左右的市场份额，360 和搜狗合计占 30% 左右，剩下的据不完全统计有将近 1000 家的搜索引擎公司合计加起来可能都赶不上 360 或搜狗一家的市场份额，当然更不可能跟百度相比。

而我们传统行业目前来看，还不符合幂次定律。以我们最大的行业餐饮来讲，4 万亿的市场规模也是旷古烁今了吧，如果不是专业的人员告诉我们，我们大多数人都不知道市场的老大是谁，更不要谈什么市场份额了。据统计，目前国内最大的餐饮连锁公司是百胜集团，也就是肯德基、必胜客等餐饮巨头的母公司。即便是这样，也不过总共占了 1% 的市场份额不到。

为什么传统行业和互联网行业有如此大的差距呢？互联网企业用短短数年的时间就能获得瞩目的成就，而传统企业几乎很难呢？是因为互联网企业"生"下来的时候都是带着数据的基因。传统行业如果也想要做到行业的老大，并且逐渐地拉大同第二、第三名的差距，也就只有数字化这一条路可以走。通过数字化分析，逐渐地缩短迭代的周期，把自己不好的方面、不适应客户及市场的方面及时地调整过来。

目录

第四章　如虎添翼的企业营销

第五章　工厂化的销售流程

第六章　朋友客户

第七章　成长型的组织

第一章

系统的思维能力

P、Q测试

常言道："学历是铜牌，能力是银牌，人脉是金牌，思维是王牌。'我们看到，成功的企业往往都有一个好的商业模式。近几年互联网行业的"后起之秀"频频登场，譬如今日头条、滴滴、小红书、摩拜等，它们也正是因为有自己独特的商业模式，才获得了快速的崛起。然而，好的商业模式也是思维力的重要体现。很难想象一个公司通过数据化的转型后，经过千辛万苦取得了营销的数据，却不会分析，甚至分析出一个根本错误的结论是什么样的场面。

有的读者可能不太理解具体应该如何执行。首先，让我们一起做个案例测试吧。

假设有P、Q两种产品，我们从市场上拿到的数据是：P产品售价是90元，需求是每周100件；Q产品售价是100元，需求是每周50件；生产P、Q产品的可用资源有A、B、C、D各一个，每周工作5天，每天8小时，每周2400分钟，固定成本每周6000元。注意：为了简化决策，需求的意思是只要能生产出来就确定可以售出。具体的加工方法和加工的时间如图1-1所示。

那么，问题来了：

（1）如果你是公司的负责人，你决定如何生产以获取最高的利润？

（2）假设员工甲提出花3000元把A设备升级将A处理零件的时间减少2分钟；员工乙提出花3000元将B设备加工原料Ⅱ的时间减少1分钟但C设备增加2分钟。这两种截然不同的建议，你会听从谁的以获取更高的利润？

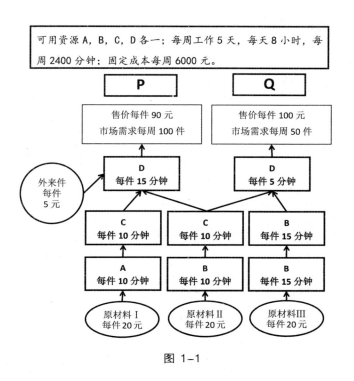

图 1-1

有的朋友是这样进行计算的：P 的成本是 45，售价 90 元的话售出 100 个的利润就是（90-45）×100=4500 元，Q 的成本是 40 元 / 个，售价 100 元的话利润则为（100-40）×50=3000 元，于是可以赚的钱为：4500+3000-6000=1500 元。然而，这是根本不可能的。

亏了300元

A、B、C、D 所有的工序最长时间为 2400 分钟，2400 分钟以内能保证把 P 产品和 Q 产品生产完吗？我们算一下，如果把 P 产品和 Q 产品全部生产完，各个工序需要多长时间：

A：15×100+10×50=2000 分钟。

B：15×100+（15+15）×50=3000 分钟。

C：（10+5）×100+5×100=2000 分钟。

D：15×100+5×100=2000 分钟。

由此我们得出结论，无法在 2400 分钟以内把 P 和 Q 产品同时生产完。那么，先把哪个生产完比较好呢？有人立即发现了 Q 产品一个可以赚 60 元，P 产品一个可以赚 45 元，当然先做赚钱的那一个啊，看起来很正确是吧。那我们来算一下：

Q 产品的利润为：（100–40）×50=3000 元

那 Q 产品做好之后，还能做多少 P 产品呢？

Q 产品在 B 工序花费了（15+15）×50=1500 分钟，B 工序还有 900 分钟可以用来生产 P 产品，可以生产：900÷15=60 个。

P 产品的利润为：（90–45）×60=2700 元

于是，本周工厂的利润为：3000+2700–6000=–300 元，于是大家可以看到，这样的话就亏本了。由此我们看到，在有准确的数据，确定性的市场环境下，我们如果分析得不对，就可能会导致我们亏本。通常在实际经营中，我们一个产品的需求可能是上述事例中的一万倍，甚至十万、百万、千万倍，所以我们更需要清晰地思考。

赚了300元

那我们再看看先生产 P 会得到什么结果。

P 产品的利润：（90–45）×100=4500 元。

P 产品在 B 工序花的时间为 15×100=1500 分钟，B 工序还有 900 分钟可以用来生产 Q 产品，可以生产：900÷（15+15）=30 个。

Q 产品的利润：（100–40）×30=1800 元。

于是，本周的利润为：4500+1800–6000=300 元，这样就已经赚钱了。为什么同样的企业，换了一种决定就由亏本变成赚钱了呢，这个我们大家可以先思考一下，后面会有问题的答案。有人可以质疑是不是数字错了，我可以肯定地告诉你，数字完全没有任何问题，计算的过程中也没有改变任何条件。

以上我们回答了第一个给负责人的问题，那就是最多可以赚 300 元。

画蛇添足的提议

下面，我们看第二个问题。按照甲工程师的方案，我们花 3000 元把 A 工序进行改造使 A 工序的时间减少 2 分钟，看下 A 工序的总时间。

A：（15–2）×100+（10–2）×50=1700 分钟。

其他的工序时间不变。

B：15×100+（15+15）×50=3000 分钟。

C：（10+5）×100+5×100=2000 分钟。

D：15×100+5×100=2000 分钟。

那么，此时我们还是不能完全地生产完 P 产品和 Q 产品，按照第一个问题我们还是只能先去生产 P，最后得出 300 元的利润，花了钱，也没有得到预期的效果。在实际的经营当中，我们其实犯了很多类似的错误。

正确的建议

按照乙的提议，花 3000 元将 B 设备加工原料 II 的时间减少 1 分钟但 C 设备增加 2 分钟，看下 B、C 工序的时间。

B：（15–1）×100+（15–1+15）×50=2850 分钟。

C：（10+5+2）×100+（5+2）×100=2400 分钟。

其他的工序不变。

A：15×100+10×50=2000 分钟。

D：15×100+5×100=2000 分钟。

那么，此时我们还是不能完全地生产完 P 产品和 Q 产品。按照第一个问题，我们还是只能先去生产 P。然而，我们的利润为：

P 产品的利润：（90−45）×100=4500 元。

P 产品在 B 工序花的时间为（15−1）×100=1400 分钟，B 工序还有 1000 分钟可以用来生产 Q 产品，可以生产：1000÷（14+15）≈34 个。

Q 产品的利润：（100−40）×34=2040 元。

于是，本周的利润为：4500+2040−6000=540 元。对比下改变前，可以得出一个结论，小小的 1 分钟可以将利润提高 80%，可见数字化的正确的思维方式带来的威力。

当我们在企业的经营管理中接受员工提议的时候，往往把类似于乙的提议看作为复杂的方案，感观上认为不可取。其实是我们自己没有清晰地思考，才导致企业产生了损失，造成了有正确提议的优秀员工得不到重用甚至流失。

聚焦于瓶颈的产出

回答了第二个问题，我们再回到问题一当中去思考，我们为什么要先生产 P 产品后生产 Q 产品。首先要给大家提到 TOC（Theory of Constraints）理论即瓶颈理论[1]。我们经过计算可以得出 B 是不可能完成的工序，也就是案例企业的瓶颈所在。我们应该按照瓶颈的单位产出来选择先后顺序，看似 P 产品的利润要低，但 B 工序的平均每分钟的产出为：（90—45）÷15=3 元／分钟，而 Q 产品的利润看似要高，但 B 工序的平均每分钟的产出为：（100—40）÷（15+15）=2 元／分钟。所以，在此案例中先生产 P 的总体效益高。

---

[1] 指任何系统至少存在着一个制约因素、瓶颈，否则它就可能有无限的产出。因此要提高一个系统（任何企业或组织均可视为一个系统）的产出，必须要打破系统的瓶颈。

而在企业改善的过程当中，为瓶颈工序节省的每一分钟都会提高企业的产出。由此我们得出本书的第一个思维模型 TA（有效产出会计），TA 即为瓶颈点的销售额（S）减去变动成本（VC），于是 T = S − VC。请注意，与传统的成本会计相比较，TA 聚焦于瓶颈点的产出。

聚焦五步骤

我们试着复原一下本案例，去认识一下"TOC 理论"中的聚焦五步骤。

1. 首先定义目标，本例中公司的目标是一周内获取最大的利润。

2. 第 1 步：找出瓶颈，计算出每个工序的时间，和总时间对比，本例中是固定的 2400 分钟，我们实际的经营中可能就是货物的交期。

3. 第 2 步：挖尽瓶颈，本例中我们的瓶颈时间是最大化的，也就是默认挖尽了的，实际我们的经营中的瓶颈工序的时间还可以充分挖尽，比方说瓶颈工序人员轮流，但机器不休，瓶颈工序用更熟练的工人，在瓶颈工序前加入质检。

4. 第 3 步：迁就瓶颈，本例中默认所有的工序都是迁就瓶颈的，但在实际的经营中就需要保证，瓶颈工序所要的物料不能缺料。

5. 第 4 步：打破瓶颈，本例中工程师乙是有打破瓶颈的动作的，但最后还是没有打破。如果他把瓶颈工序的时间除到 2400 分钟以内，就意味着他打破了瓶颈。

6. 第 5 步：回头，实际的企业经营中随着瓶颈的打破，我们会发现随之瓶颈转移到别的工序去了。然后就需要重新定义目标，再来找新的瓶颈，然后重复以上步骤，从而不断地提升企业业绩。用互联网思维来说，就是不断地更新迭代。换句话说，迭代的过程就是不断地找出瓶颈，并打破的过程。如果我们在内部找不到瓶颈，就比如说，我们能随时满足客户的一切交期，我们缺的是订单，就意味着瓶颈转移到外部了。营销这时则变成了瓶颈，改善营销，即意味着提升了公司的整体业绩。完成了聚焦五步骤，我们得出了本书中的第二个思维模型 F5。F5 作为一个能带来持续改善的思维模型与 PDCA（戴明环）[①] 这个持续改善的思维模型相比，主要的区别是 F5 是聚焦于瓶颈点的持续改善。我们前面通过工程师的选择已经证明了，如果改善的不是瓶颈，可能只会徒增费用，而不会产生丝毫的效果。所以，F5 会带来更直观的效果。

在此案例中，我们把市场当成了理想的市场。在实际的企业经营当中，特别是贸易类型的企业通常它的瓶颈在销售部门。所以，企业负责人要力争所有的部门去配合销售部门，为销售部门提供最好的服务，节省最多的时间，从而提高公司的整体效益。

---

① PDCA 循环是美国质量管理专家沃特·阿曼德·休哈特（Walter A. Shewhart）提出，由世界著名的质量管理专家戴明采纳、推广因而获得普及，所以又称戴明环。这一工作方法是质量管理的基本方法，也是企业管理各项工作的一般规律。

智慧的所罗门

综观当今社会的发展，我们知道，在过去 50 年人类在物理、技术、医学、基因、工程等领域取得了惊人的进步。然而，人类在社会发展、素质教育、政府调控、社区发展、粮食生产、企业管理等方面总是那么不尽如人意，随着全球的战争、冲突等因素所导致的资源分配不公、执权部门腐败、效率低下等现象时有发生。细心的人们会发现，如果我们对以上的领域进行分类概括的话，大概可以归纳为自然科学和社会科学两大类，进步的总是自然科学一类的，不好的总是社会科学一类的。这是什么原因导致的呢？

原因是人们在研究自然科学的时候总是遵循严格的因果逻辑，不断地用数据、用试验去得到正确的结果，去提供确定性十足的方案。而社会科学主要与人相关，人们通常会认为，人的行为不可预测且没有定式，所以会凭直觉去对事物做出判断。这也是通常所说的直觉思维，直觉思维在人类还是原始人类的时候就已经植根于人类的大脑中，也正是直觉思维的快速决策才让人类得以在野兽横行、茹毛饮血的恶劣环境下也能绝处逢生并不断地繁衍到今天。而到当今社会，我们就需要更多的理性思维来做出正确的决策，这也是人类科技发展的原动力。

我们既然说到了理性思维，就不得不提到数学中的充分必要条件，这大概是逻辑的基础（图 1–2）。

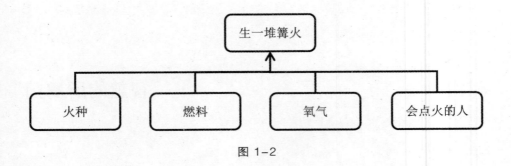

图 1-2

　　学会用火是原始人类能变成新石器人类，并不断战胜恶劣环境的很重要的一项技能。他们也许不懂什么叫充要条件，但当时想要成功点燃一堆火，也必然是要费一番工夫的。后来，他们发明了钻木取火，其实就是满足了生火的充要条件。现在我们去分析这个充要条件，我们知道要人为地生一堆火，就必须有火种（适宜的温度）、燃料、氧气以及会点火的人。管理学上有个热炉法则，意思就是当人用不加保护的手去碰烧得很烫的炉子就一定会烫伤。用热炉法则给人员划定一个底线让所有的人来遵守，这样可以起到一视同仁、没有例外的效果；只有这样，这个底线才具有意义。其本质也是提供确定性（充要条件）。

　　有了基本的逻辑，我们也要具备系统的逻辑观。譬如说，我们试着去判断以下 A、B 两个系统（图 1-3），哪一个更简单。

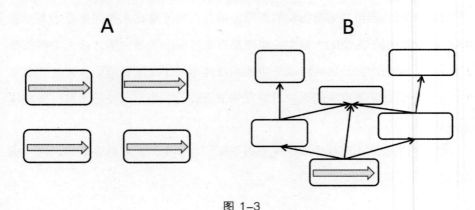

图 1-3

通常我们普通人一眼看上去都会觉得 A 系统简单，因为是清清楚楚的，B 系统那么多箭头，那么多关系看起来好复杂。事实上，科学家研发人员看待系统的方式是用维度来区分的，很明显 A 系统有 4 个维度，B 系统只有一个维度，维度越多可控性越差。

因此，理性的思维方式和直觉的思维方式就会造成不同的选择。我们要学会用科学家的思考方式，从而去得到正确的结果。

所罗门是古犹太王国的国王，刚被立为王的时候，还是个十几岁的青少年。他深爱耶和华，并且听从父亲大卫给他的良好忠告。耶和华也很喜欢所罗门，于是一天晚上，上帝在梦中对所罗门说："所罗门，你想我赐给你什么？"

所罗门回答说："耶和华，我的上帝啊，我还年轻，不知道该怎样治理国家。所以，求你赐给我智慧，以正当的方式统治你的子民。"

耶和华很喜欢所罗门的请求，就对所罗门说："既然你求智慧，不求长寿也不求财富，我就赐给你智慧，超过世上的所有人。你没有求的财富和尊荣，我也赐给你。"

不久，有两个妇人为了一个棘手的难题来见所罗门。其中一个妇人解释说："这妇人和我同住一个房子，我生了一个男孩。两天之后，这个妇人也生了个男孩。后来有一晚，她的孩子死了。但她趁我睡着的时候，把她死了的儿子放在我身旁，然后抱走我的婴孩。我醒来的时候细察这个死了的孩子，才发觉他并不是我所生的。"

这时，另一个妇人说："不！活的孩子是我的，死的孩子是她的！"第一个妇人回答说："不！死的孩子是你的，活的孩子是我的！"两个妇人就这样争辩不休。所罗门会怎样做呢？

他差人拿一把剑来。剑拿来的时候，他说："把活的孩子劈成两半，给每个妇人一半。"

那真正的母亲呼喊说："不！求你不要杀这孩子。把孩子给她吧！"但另一个妇人说："这孩子既不归我，也不归她，把他劈开吧。"

最后，所罗门说："不要杀这孩子！把他给第一个妇人吧。她才是真正的母亲。"所罗门知道她是真正的母亲，因为真正的母亲一定很爱自己的婴孩。她宁愿把自己的孩子给另一个妇人，也不愿孩子被杀。人民听见所罗门这样解决了难题，都很高兴有这么英明的君王。

所罗门统治期间，上帝祝福以色列人，使土地长出许多小麦、大麦、葡萄、无花果等。人民都丰衣足食，安居乐业。

我们试着用 B 系统去还原所罗门的断案过程（图 1–4）。

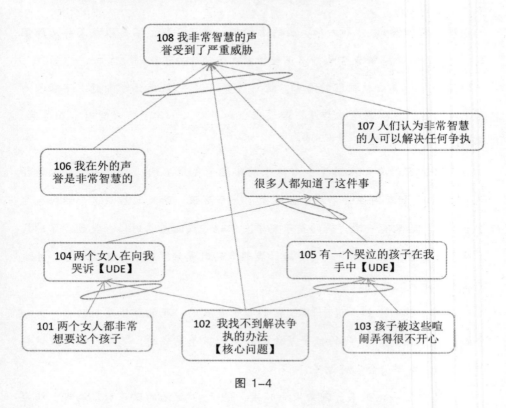

图 1–4

1.101 两个女人都非常想要这个孩子，且 102 我找不到解决争执的方法（我无法判断该给谁），于是带来的负面效应是 104 有两个女人向我哭泣；

2.103 孩子被这些喧闹弄得很不开心（害怕）且 102 我找不到解决争执的方法（我无法判断该给谁），于是还带来另外一个负面效应是 105 有一个哭泣的孩子在我的手中；

3.104 有两个女人向我哭泣（很大声）且 105 有一个哭泣的孩子在我的手中（孩子哭得更大声），于是很多人听到哭泣声都知道了这件事（无法隐瞒）；

4.106 我在外面的声誉是非常有智慧的且 107 人们往往认为非常有智慧的人是可以解决任何争执的，但现在 102 我找不到解决这个争执的方法，并且很多人已经知道了这件事，于是 108 我非常有智慧的声誉受到了很大的威胁。

从所罗门的角度来看，如果这件事不解决，他的声誉就会受到影响。所以，这也是他解决这个案件的动力的来源（图 1-5）。

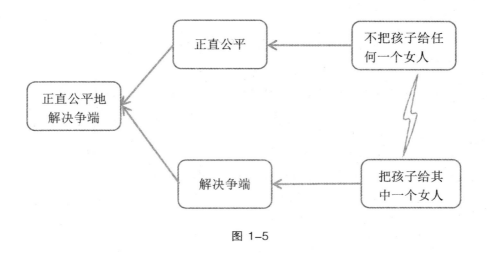

图 1-5

我们可以这么来解读此冲突图：

从冲突图的上端开始，为了正直公平地解决这个争端，必须正直公平，为了正直公平，我就必须不把孩子给任何一个女人（因为一旦给错就不公平了）；冲突图的下端，为了正直公平地解决争端，我必须把孩子给其中一个女人（因为如果不给就永远解决不了），而不把孩子给任何一个女人和把孩子给其中一个女人这两个执行方法是相冲突的，如何拨开云雾呢（图 1-6）？

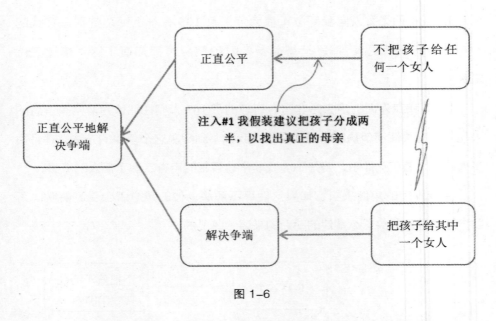

图 1-6

让我们从执行端往前去质疑，推测不把孩子给任何一个女人是不是正直公平的充要条件。要做到正直公平就必须不把孩子给任何一个女人吗？显然这是不一定的。如果我能找到真正的妈妈，识别出骗子，人们也会认为我做到了正直公平。我假装建议把孩子分成两半，孩子的真正妈妈一定会不同意，骗子可能会同意（图 1-7）。

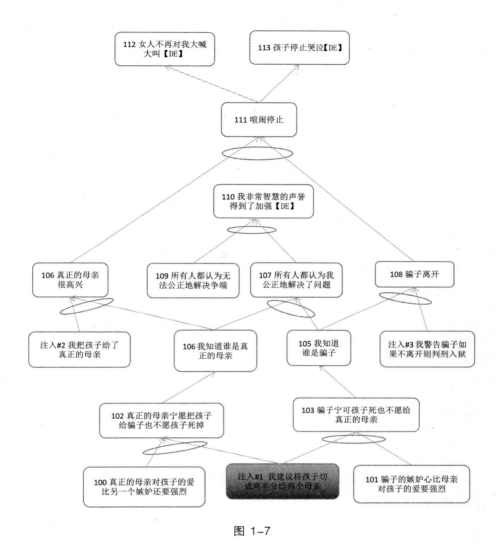

图 1-7

所罗门假装建议把孩子切成两半分给两个母亲，于是注入这个条件，我们一起来推理一下。

1. 我们都知道 100 真正的母亲对孩子的爱比另一个嫉妒还要强烈，且我建议把孩子切成两半分给两个母亲，但是 102 真正的母亲宁愿把孩子给骗子也不愿孩子死掉；

2.101 骗子的嫉妒心比母亲对孩子的爱要强烈，且我建议到孩子切成两半分给两个母亲，于是 103 骗子宁可孩子死也不愿给真正的母亲（我得不到，你也别想得到）；

3.102 真正的母亲宁愿把孩子给骗子也不愿孩子死掉，于是 104 我知道了谁是真正的母亲；

4.103 骗子宁可孩子死也不愿给真正的母亲，于是 105 我知道了谁是骗子；

5.104 我知道了谁是真正的母亲，且我把孩子给了真正的母亲，于是 106 真正的母亲高兴了；

6.104 我知道了谁是真正的母亲，且 105 我知道了谁是骗子，于是 107 所有人都知道我正直公平地解决了争端；

7.105 我知道了谁是骗子，且我告诉骗子如果不立即离开则判刑入狱，于是 108 骗子离开（怕入狱）；

8.109 所有人都认为我无法真正地解决争端，而我却让 107 所有人都知道我正直公平地解决了争端，于是 110 我有智慧的声誉得到加强（好的效应）；

9.106 真正的母亲高兴，且 108 骗子离开，于是 111 喧闹停止；

10.111 喧闹停止，于是 112 女人不再对我大喊大叫（好的效应），113 孩子不再哭泣（好的效应）。

通过初步的推理，好像能破解冲突，但是一定可以解决吗？如果骗子也模仿真正妈妈的行为假装也会关心孩子，该如何判断（图 1-8）？

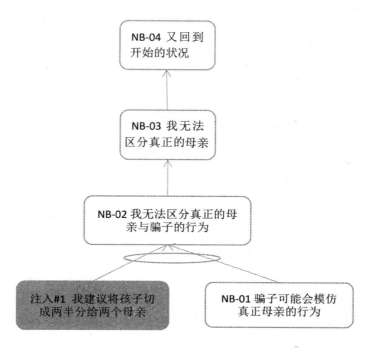

图 1-8

1. 我建议将孩子分成两半分给两个母亲，NB-01 骗子可能会模仿真正母亲的行为；

2.NB-02 于是我无法区分真正的母亲与骗子的行为；

3.NB-03 从而我无法区分真正的母亲与骗子；

4.NB-04 于是又回到开始的负面效应。

必须解决这些副作用，才能保证真正地解决问题。所谓解决，就是要让这些副作用不会发生。想要后面的副作用不发生，就必须确保副作用 NB-01 不发生（图 1-9）。

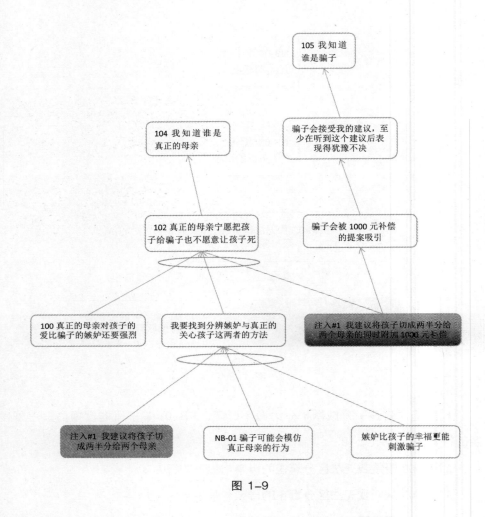

图 1-9

副作用切除

1. 我建议把孩子切成两半分经两个母亲，NB-01 骗子可能会模仿真正母亲的行为，嫉妒比孩子的幸福更能刺激骗子，但我必须找到区分嫉妒与真正的关心孩子这两者的方法；

2. 我提出将孩子分两半的同时附加 1000 元钱，真正的骗子会在巨额现金的诱惑下，被这个提案吸引；

3. 骗子会接受我的建议，至少在听到我的建议后犹豫不决，因为骗子对得到半个孩子的尸体并不感兴趣；

4. 一旦发现有人接受我的建议，或听到我的建议后犹豫不决，我就知道了谁是骗子；

5.100 真正的母亲对孩子的爱比骗子的嫉妒还要强烈，于是 102 真正的母亲宁愿把孩子给骗子也不愿让孩子死掉；

6.104 于是我知道了谁是真正的母亲。

还有副作用吗？虽然我能找出谁是骗子，但刽子手动作都很快，他们可能一不小心就真的把孩子切成两半，宫廷上的祭司也可能对我提出把孩子切成两半的意见表示反对，让我起不到突然的恐吓的效果（图 1-10）、（图 1-11）。

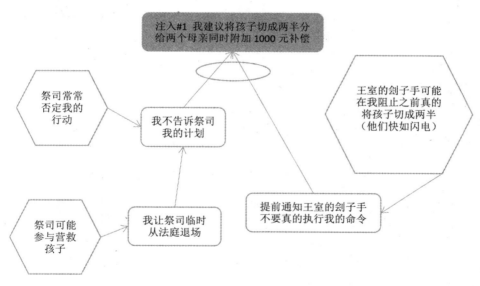

图 1-10

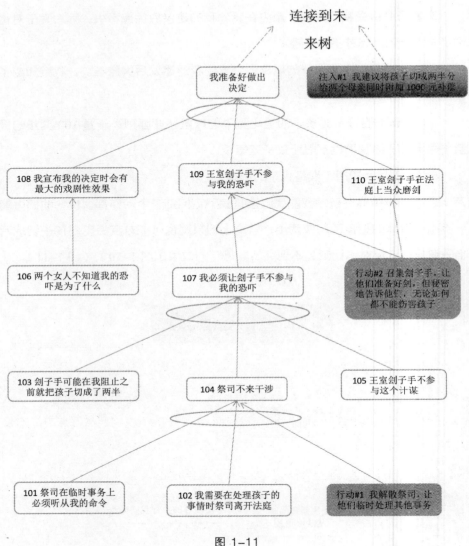

图 1-11

1. 开始行动，解散祭司，让他们临时处理其他事务；

2. 101 祭司在临时事务上必须听从我的命令，102 我需要在处理孩子的事情祭司离开法庭，我作出了解散祭司，让他们临时处理其他事务的命令；

3. 104 于是祭司不来干涉我，105 王室的刽子手不参与这个计谋，103 刽子手可能在我阻止他之前就把孩子砍成了两半，我必须让刽子手不参与我的恐吓，因为有可能知道的人越多会走漏风声，于是王室的刽子手就不参与我的恐吓，他们也不知道我为什么恐吓；

4. 提前召集刽子手，让他们准备好剑，但秘密地告诉他们无论如何也不要伤害孩子，于是刽子手开始在庭上磨剑，制造紧张的气氛；

5.106 两个女人不知道我的恐吓是为了什么，于是 108 我宣布我的决定时会有最大的戏剧性效果；

6. 所有的准备工作做好了之后，我就开始宣布我的决定，建议把孩子切成两半，并补偿 1000 元。于是结果便能顺着预期的那样往下走，我就能知道谁是骗子、谁是真正的母亲，把孩子给真正的母亲，把骗子下狱，我的智慧的声誉于是得到了加强。

TOC思考流程

由所罗门的判案过程，我们可以得出本书的第三个思维模型，叫作 TOC 思考程序，简称 TP（Thinking Process）[1]。大致可以总结出以下几步：

1. 把一些不良的效应（UDE）[2] 通过逻辑推理的方式用现况图将它们联系起来，找到核心的问题。医生看病先通过问讯得出患者的不良效应（背痛、腿酸、咳嗽、发冷、发烧），然后借助设备及医学理论，通过非常科学的推理得出病因（核心问题如图 1–12），然后对症下药。

（1）背痛是咳嗽和肌肉酸痛造成的，咳嗽又可能是受到了感染；

（2）腿酸也是肌肉酸痛造成的，而肌肉酸痛又是发烧引起的；

---

① 高德拉特博士创立 TOC 理论的三大基础工具之一。TOC 包含一系列逻辑工具，由之引申出来的、针对企业各种问题的应用专题系统。

② Undesirable effects 的缩写，指和组织或者系统的目标或者它的必要条件有关的现状的消极方面；一个隐含着根本原因、核心问题或核心冲突的明显症状。

（3）发冷是发烧造成的；

（4）而发烧是免疫机能在起作用，而为什么免疫在起反应，可能因为病毒感染（感冒）或肺部有炎症，这时只能是猜测，需要证明；

（5）于是医生会通过验血、拍X光片来确认到底是感冒还是肺炎。一旦确认为肺炎，就需要用抗生素来治疗。治好了肺炎，其他的问题都自然地得到了解决。

由此医疗技术在近百年的突飞猛进自然就有了最好的解释，那就是用科学的手段和方法去解决问题（图1-12）。

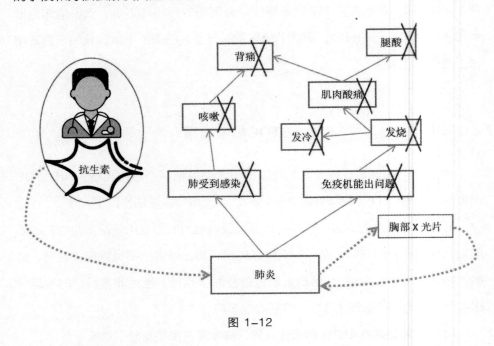

图 1-12

2. 根据核心问题得出冲突图。

话说一个14岁的女儿回到家，跟父亲说周六朋友有一个生日聚会，要夜晚12点才能回家，她想去参加，于是便问父亲是否同意。父亲说，为了你的安全，10点之前必须回家。女儿说，那我也不能中途退场啊，朋友怎么看我啊。

父亲说，如果不能保证10点前回到家，就不能去参加。问题来了，如何解决这个冲突？我们来建立一个冲突图，首先找一个空的冲突图（图1-13）：

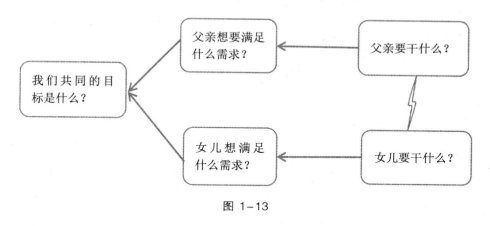

图 1-13

　　共有 A、B、C、D、D'。我们先分析父亲，他要女儿10点之前回家，我们把要女儿10点之前回家填入 D 中；从 D 到 B 推导为什么他要女儿10点之前回家，因为他想要确保女儿的安全。好，我们把父亲要确保女儿的安全填入 B；A 我们最后再填。然后，我们分析女儿，女儿要12点回到家，我们把女儿要12点回到家填入 D'；从 D' 到 C 推导为什么女儿要12点才能回家，因为她想要得到小伙伴们的认可；好，我们把女儿想要得到小伙伴们的认可填入 C。最后，我们看下父女的共同目标是什么，我们找到了是保持良好的父女关系；我们填入 A，于是冲突图（图1-14）便出来了。

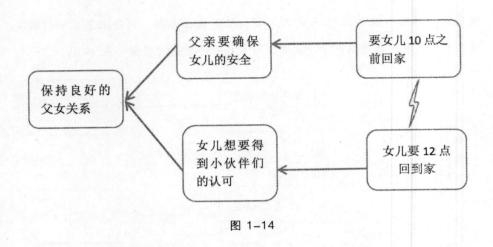

图 1-14

当然，冲突图也可以从 A 开始写，如（图 1-15），UDE 为不良的效应，比如用上图中不良效应就是"晚上有针对女孩的袭击的新闻报道"。

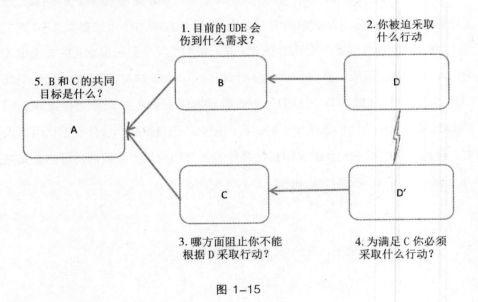

图 1-15

确定共同目标为保持良好的父女关系，将保持良好的父女关系填入 A；而因为不良效应伤害到了我保证女儿安全的需求，把父亲确保女儿安全填入 B，所以父亲被迫采取的行动是让女儿 10 点之前回家；而对女儿来讲，小伙伴要求一直玩到 12 点，为了得到小伙伴的认可，女儿不想 10 点提前离场；把为了得到小伙伴的认可填入 C；为了得到小伙伴的认可，女儿必须在 12 家回家。把女儿要 12 点回家写入 D'，而 D 和 D' 是冲突的，这样也得出了一个冲突图。

冲突图是简化现实状况的一种表示方法，通过大声念出冲突的因果逻辑关系，我们经常会发现其中的逻辑关系需要加以解释。这些逻辑关系的解释其实就是背后的假设，这些假设让我们相信它们之间的必要关系，在每一个箭头背后都应该存在假设（D–B，D'–C，B–A，C–A）。

先读上面，为了达到 A 这个共同目标，必须实现 B……为了满足 B 的要求，必须采取 D 的行动；再读下面，为了达到 A 这个共同目标，必须实现 C……为了满足 C 的要求，必须采取 D' 的行动，而 D 和 D' 是冲突的（图 1–16）。

3. 注入条件去质疑 D 到 B 或 D' 到 C 的假设，得到拨云见日图：

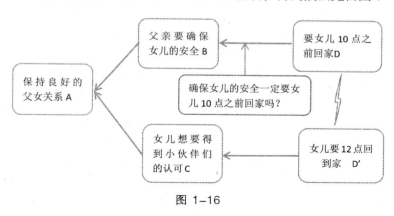

图 1–16

选择一个自己不想要的，接着挑战其中的假设，试问 3 个问题：

（1）这个假设是真的吗？如果不是真的，则那个假设可以取消。

（2）如果是真的，总是都存在吗？

（3）如何让这个假设不存在，让这个假设改变？是否有其他的方式来取代这个假设？

由此我们看到，确保女儿的安全一定要女儿 10 点之前回家这个假设并不总是成立。你看，父亲 12 点开车去接女儿是不是也可以确保女儿的安全？

（4）找到双赢解，打造未来图（图略）。

上图中的父亲 12 点开车去接女儿就是一个令父亲和女儿都满意的双赢解。在此提醒下各位，化解冲突图只存在双赢解，不存在一输一赢，也不存在双输。任何冲突都有双赢解。

（5）切除执行中的副作用生成预期图（图略）。

在此我们需要注意的是，并不是所有冲突化解的过程一定会出现副作用或者说副作用小到可以忽略不计，因此也不必非得找个副作用来克服。比如说，上个案例中父亲去接女儿的副作用是什么呢？可能发生交通事故？可能车子中途坏了等很小概率事件，因为怕出事故、怕坏了等不敢开车等因素也会变成因噎废食了。所以，此类事情在实际中可以不予考虑。

（6）按行动去执行得到转化图（图略）。

找到解决问题的方法可谓耗费了九牛二虎之力，但如果不能保证强有力的执行的话，一切都只会成为一句空话。通常一个强有力的执行团队会有一个良好的绩效的引导。

令人沮丧的UDE

在所罗门的案例中，我们看到了两个 UDE，分别是：两个女人向笔者哭诉，一个婴儿在我怀里哭泣。怎么样才能写出一个好的 UDE 呢？ UDE 的好坏直接决定着冲突能否化解。

UDE 是现实中一直长期存在的问题，阻挡我们达成更高绩效的状态。

好的UDE

有以下几个具体的要求：

1. 是种状态的描述，不能使用动词；

2. 可以解决的，"外面太热"不是 UDE，因为你什么都不能改变；

3. 不是埋怨或指责，如"供应商产品质量太烂"不是 UDE，含有指责的成分；

4. UDE 长期存在的原因是背后有一个 PMB（Policy Measurement Behavior）①，人类行为的基本原则是追求真理及创造价值；

5. 不能包括原因，如"人员训练不良"不是良好的 UDE，含有原因的成分，意味着"只要人员训练良好"，则可改为"人员技能无法满足公司发展要求"；

6. 不应该带有解决方案的成分，如机器停机是因为使用年限太久了；

---

① 规则、衡量标准决定了人们的行为，"人做什么，取决于考核他的是什么"，所以首先从考核指标看两者的不同。

7. 一个 UDE 只有一个输入，没有 AND(和) 与 BECAUSE(因为) 等词；

8. 表达必须清楚仔细，如"沟通不良"太宽泛了；

9. 每次冲突的过程最多只有用三个 UDE。

不好的 UDE 的修改

看几个常见的案例，以了解什么是不好的 UDE，以及怎么样进行纠正，如表 1–1。

No.	UDE 描述	好 UDE 还是坏的 UDE	为什么	纠正后的 UDE
1	我们生产经理太严格了	坏 UDE	带有指责别人的味道	许多优秀的人才都离职了
2	我们没有足够的预算购买更多的设备	坏 UDE	是障碍不是 UDE	需要的设备总是没有
3	会议时间太长	坏 UDE	对 TIOE 影响不确定	
4	我们项目管理过程太差	坏 UDE	描述的是原因	30%的项目无法准时完工
5	人员训练不良	坏 UDE	描述的是原因	现场有太多返工

表 1–1

学会了正确得出不良效应的方法后，我们找到了本书的第四个思维模型 UDE。下面我们来测试一下，看是否能识别出 UDE 的好坏并较好地纠正吧，如表 1–2。

No.	UDE 描述	好 UDE 还是坏的 UDE	为什么	纠正后的 UDE
1	沟通问题			
2	供应商品选购很烂			
3	我们的电脑系统太旧			
4	销售额下降是因为竞争对手降价			
5	我们没有足够的预算训练员工			

表 1-2

1. 坏的 UDE，因为太宽泛，不具体，可改为：他做的和我说的不一致；

2. 坏的 UDE，因为带有指责的意思，可改为：供应商的货经常通不过客户的检验；

3. 坏的 UDE，因为带有指责的意思，可改为：电脑系统 10 年前装的；

4. 坏的 UDE，因为带有原因，隐含的意思是如果竞争对手不降价，销售额就会上升，可改为：竞争对手降价 30%；

5. 坏的 UDE，因为是障碍，可改为：几乎没有花钱的员工训练。

改的 UDE 不必与以上的一致，符合规则即可。反复核对得出合适的 UDE 后，将 UDE 与 2.7 中的冲突图结合起来即可开启"TP 之旅"，进而最终将 UDE 转化为 DE。

请列出困扰你的 UDE。

（1）

（2）

（3）

（4）

（5）

（6）

逻辑的基石

在前文，笔者给大家展现了四个思维模型。在本书中，还会展示其他的思维模型。但好像还没有对思维模型进行定义，那什么是思维模型呢？有的读者可能会有这样的疑问，从上述案例中可以看出，思维模型就是一个解决问题的流程，是一种方法，或者是一种工具。其实，这些说法都对。如果作出一个定义的话，思维模型是对现实工作中经验的简化、抽象并加以归纳演绎。

对经验的抽象和演绎

为什么我们要抽象和简化这些经验呢？实际上有几个方面的原因：

1. 由于熵增定律，客观世界的信息量爆炸性增加；如果一对一地识别每一个信息，我们的大脑是无法接受的，所需要的能量难以承受；因此只能对外部经验信息进行简化和抽象。主要是遇到信息太多，各种各样的问题，我们的学科越分越细，不可能把所有的东西都学完和全面了解。

2. 简化和抽象最重要的作用一个是解释和预测，解释这个部分呢，相当于说如果你有一些思维模型，你就知道现实生活中发生的事是怎么来解释的，我们生活中发生的情况是什么原理。预测就是我要做决策、判断，我的决策、判断要有个依据，不能所有的东西都凭直觉、拍一拍脑袋就决定。这样决策的效率虽然不低，但错误的概率可能会很大。

3. 思维模型符合最小作用力原理。我们人体虽然把我们人体大量的能量都供给了大脑，但也不可能用之不竭。大脑其实也符合一定的偷懒机制，怎么省力怎么来，这样的话它才能够存储更多的能量，否则大脑要接受那么多的信息，有那么大的运算量，在这个情况下，不进行简化、抽象就不利于生存。这一点，我们很好理解。那会不会带来一些问题呢？当然会。但在生存面前，我们宁肯求存，不去"较真"。当然，所谓的不"较真"，也是一个相对的概念，并不是说完全不去"较真"，只是不求完完整整、百分之百的"真"（图 1-17）。

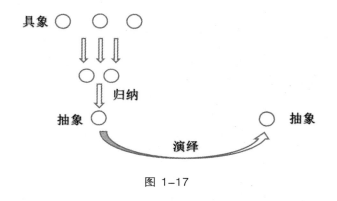

图 1-17

从这张图中，我们可以清晰地理解抽象是从具象的事物发展而来的。特殊的事情，我们抽象出来，成为一般的普遍性的特征。这便叫作总结、归纳，这种逻辑思考的方法叫作归纳法，抽象出来到一个点，这个点就是我们下一次演绎的基点，所有演绎的基点其实也是上一次抽象的结果。如果再往上次演绎，又是上一次的抽象，那就是永无休止了。一次一次地往前，就会导致循环论证。所以，我们需要找一些重要学科的重要理论，也就是我们引出的第一性原理。第一性原理被不断证实了，因此也显得更加扎实一些。只有这个第一性原理才能够作为起始的基点。

接下来，有的朋友可能会问，既然我们归纳出来的东西大家可以用，为什么我们还要演绎呢？举一个例子吧。

时间的归纳，昨天太阳从东方升起，将来太阳也会从东方升起，昨天是这样，今天是这样，那么我们就会推论出明天也会这样，那你凭什么认为未来和过去一样？或者说，这里面有一个基本的问题，你凭什么相信是连续性的。因为只有在连续性的前提下，命题才成立。我们以为前天和昨天一样，昨天和今天一样，我们认为今天和明天也一样。所以，在我们的经验当中，总是和过去一样，我们的决策是用经验来决策的。这个问题有一个大前提，我们生活在连续性世界里。

当然，还有空间的归纳，比如说我们在亚洲看到天鹅是白色的，我们在非洲看到的天鹅是白的，我们在欧洲看到的天鹅是白的，我们在地球其他的地方看到的天鹅也是白的，于是，我们就归纳出天鹅是白色的。但这一定是真的吗？有没有我们没有看到过的天鹅是黑色的呢，地球之外的其他地方的也和地球上一样吗？很显然，天鹅是白色这个结论只是我们在特定空间内的归纳。

归纳法的缺陷

我们人类非常善于使用类比的思维方式，这种思维方式也是我们解决陌生问题的一种常用的策略。类比是把两类对象具有相似性的属性进行归纳，从而推导出其中一个对象有另外一个对象的已有属性的方法。

听起来似乎很绕，但其实很简单。你看 A 对象里面有了 A、B、C、D，B 对象里面已有了 A、B、C，我们就提出 B 对象里面也会有 D，这是我们常用的思维方式。这种思维方式不管是东方还是西方都用得比较多，但也是比较容易犯错误的地方。

时间归纳法有一个致命的 Bug（漏洞），就是要有一个隐含假设，那就必须是连续性的。休谟第一个发现了所谓的"归纳法谬误"。在连续性曲线之内，在特定的空间内归纳法是有效的；在两个连续性曲线之内，在不同的空间内，归纳法立即失效。由此看来，归纳法有一个严重的问题，即使前提是正确的，归纳出的结论也有可能是错误的。

演绎法如果前提是正确的，结论就一定是正确的。归纳法是基于"经验"

是对内容的归纳，演绎法是基于"理性"模型的演绎。

古希腊哲学家亚里士多德只承认演绎法，他有一个著名的三段论：

所有人都会死；苏格拉底是人；所以苏格拉底也会死。

我们看下这个逻辑，如果所有人会死，苏格拉底是人，所以苏格拉底也会死。前提是所有人会死，如果这个前提正确，那么结论：苏格拉底也会死就是正确的。但是，演绎法也有自身的问题。如果它的前提是用归纳来的结论，那个结论同样是无效的。我们再回头看三段论"所有人都会死"不正是基于经验的归纳吗？所以，如果我们必须找到那个绝对正确的前提，这个前提就是第一性原理。

第一性原理

第一性原理最早由亚里士多德提出，被描述为："在每一系统的探索中都存在第一性原理，这是一个最基本的命题或假设，不能被省略或删除，也不能被违反。"比如说，两点可以连接成一条直线等几何性原量就是第一性原理，总结起来就是从已经被公理证明的，或是通过公理推演绎出来的，不证自明的理论。

在 2017 年的国际宇航大会上，地球上最"猛"的创业者、被称作"硅谷钢铁侠"的埃隆·马斯克告诉与会者，他打算将人类送上火星。他计划生产能进行长途太空旅行的飞船，将飞船设计成能够一次性运送 100 名船员以及建设火星基地所需的设备。他提出了一个人们"梦寐以求"的目标——到 2022 年将货运飞船送上火星，2024 年将第一批人类送上火星。他最近还做客社交新闻网站 Reddit(社交新闻站点) 的 Ask Me Everything(欢迎向我匿名提问！) 论坛，和网友们讨论了 SpaceX（美国太空探索技术公司）的整体战略计划、移民火星计划所使用的巨型火箭、在火星如何上网等问题。也许你会觉得："送人类上太空，建火星城市，这太疯狂了，马斯克就是个疯子！"王东岳先生讲述递弱代偿理论时提到，把人类送往火星去求生存，比人类经营好自己的地球，让人类灭亡得更快。由此看来，马斯克就是个疯子，但他却是一个能把种种狂想——实现的疯子。他创立PayPal（美国著名在线支付服务商），掀起在线支付革命，卖掉Paypal后经营着三家公司：特斯拉（电动汽车）、SpaceX（太空探索与旅游）、SolarCity（太阳能）。在每个领域都掀起一场革命，进而改变整个世界，甚至人类的未来。是什么让马斯克这个疯子说到做到，成为拯救世界的"超级英雄"？他说："在我看来，非常重要的一点是要从第一性原理而非比较思维出发进行思考。平常我们往往用比较思维去指导自己的生活。当运用比较思维时，我们之所以做一件事，往往是因为之前或其他人就是这么做事的——围绕同一主题做微小的迭代。在某种意义上，第一性原理是用物理学的视角看待世界的一种方式。你会一层层剥开事物的表象，找到其底层的真理，问，我们能确定的真相究竟是什么？然后由此出发进行推演。"

　　马斯克的第一性原理是物理学原理。SpaceX成功地发射并成功地回收了人类历史上第一款可回收的火箭，舆论都惊呆了。我们都知道，往太空发射火箭是需要大量燃料的，发射的总重量越重，就需要更多的燃料，然后燃料增加，重量又增加了，然后又需要增加燃料，这样就没完没了了，就别想把卫星发射到太空。怎么办呢，科学家想出了一招，可以把它分成几级，一级的燃料消耗完了，把那一级抛弃掉。这也就是目前多级火箭的模型。马斯克通过"从头算"这个思维模型得出火箭发射过程中，燃料成本大致只是整体成本的不到1%，如果火箭能回收，将具有极大的经济效应。如果要回收的话，怎么解决重量与燃料的问题呢？马斯克没有通过类比，别人怎么样我就怎么样的方式去思考，而是通过物理学原理出发找到了解决问题的办法，找到了足够轻的材料和燃料，最终实现了火箭的回收。

　　在投资圈，巴菲特是神一般的存在，而出生于1924年的查理·芒格如今已近百岁，他是"股神"幕后的"超级智囊"，也是巴菲特一生中的最佳搭档。

在过去的 45 年里，他和巴菲特联手创造了有史以来最优秀的投资纪录——伯克希尔公司股票账面价值以年均 20.3% 的复合收益率创造投资神话，每股股票价格从 19 美元升至 84487 美元。芒格说："在商界，有一条非常有用的古老准则，它分成两步：第一步，找到一个简单的基本的道理；第二步，非常严格地按照这个道理行事。"芒格的话也是第一性原理在商业界的化身。不只是埃隆·马斯克和查理·芒格，国内的罗振宇、李善友等人也对第一性原理推崇备至。

各个领域都有自己的第一性原理，比如：牛顿的第一性原理——力和惯性；美国独立宣言的第一性原理——人人生而平等。如何运用找到自己的第一性原理呢？

通过前文，大家应该能发现，本书的第一性原理是：瓶颈理论，即任何系统的产出都由瓶颈来决定，提高了瓶颈的产出就提高了整个系统的产出；物理理论，即任何系统都有固有的简单性，问题越复杂，解决问题的方案就越简单；从头算，即从根本上得出方案的真正成本。

第一性原理的得出

要想得出自己的第一性原理，就要不断地去抽象出自己实际工作中的思维模型；习得重要学科（物理学、数学、生物学、心理学等）的重要理论，直到从中找到不证自明的道理，即可固化为自己的第一性原理。这个过程虽然非常痛苦，一旦获得之后，必然会指导自己跨界去创建更多的思维模型，进而将别人的第二思维（理性思维）变成自己的第一思维（直觉思维），这样我们就能快速地识别出事情背后的本质，快速地对事情做出判断。

找到你的第一性原理并演绎运用。

第一性原理的关键正在于如何找到适合自己的思维模型。

其实，这个世界上没有最好的思维模型，只有最适合自己的思维模型。李善友教授在混沌大学的课上讲了一个案例：

说的是李靖（公众号李叫兽，前百度副总裁）的学习理论。他说的是李靖很小的时候就明白任何事情背后必然有一定的道理。有一次，他就想打架这件事情的背后也有一定的道理，后来甚至去书店选了几本打架方面的书来研究，然后终于悟出打架的背后的道理——"以坚硬击打柔软"，进而总结出，"怎么样用坚硬去击打对方的柔软，并避开对方的坚硬"。通过三个月的刻意练习，他成了班级第一的"打架高手"。连打架都能总结出道理的人，就令李善友教授非常感兴趣。于是，他专门去百度拜访了他，通过与其的沟通得出了李靖的思维模型（本书的第五个思维模型）：

1. 任何事物背后必有道理；

2. 这些道理还能用来解释其他哪些现象；

3. 我的哪些行为可以用这个理论来改进。

刻意练习

李善友在如何成为一个厉害的人中特别总结出本书的第六个思维模型——刻意练习：

1. 创建模型；

2. 刻意练习；

3. 及时反馈。

我们学会了思维模型，可以在工作中去检验应用的效果。为了增加趣味性，还可以用社会上发生的某些热点事件来练手，运用以上出现的工具去判断这个事件的结果会是什么，同时记录下来，然后去看别人的评论和认知。通过沟通视窗来区分出：哪些是自己知道，别人所不知道的；哪些是自己知道，别人也知道的；哪些是别人知道，自己不知道的；还有没有自己和别人都不知道的。将这些都记录下来，然后静待最终结果，有了结果之后再返回来看沟通视窗，做到查漏补缺。如果自己判断对了，看自己是蒙对的，还是通过演绎得出的正确结果。如果错了，就要看是什么原因导致错了，哪些认知是自己没有得到的。这样的刻意练习，对提高自己的判断能力会有很大的帮助。

本章小结

本章从 PQ 测试开始，论述了思维的重要性，并通过所罗门的断案过程详细描述、展示了思维的流程，以及怎么样去总结不良效应。最后，论述了归纳法和演绎法如何应用，怎么得出自己的第一性原理，如何用刻意练习的方式，让自己成为真正厉害的人。

关键词：

瓶颈理论（TOC）、有效产出会计（TA）、聚焦五步骤（F5）、思考流程（TP）、不良效应（UDE）、思维模型、第一性原理、刻意练习。

请在本章结束后，完成 TA、F5、TP、UDE 的刻意练习 5 个，思考还可以解决哪些现象，改进自己的哪些行为，并努力找到自己的第一性原理。

第二章

财务会计的误区

稻盛和夫的财务视角

稻盛和夫先生曾在 2017 年 7 月 20 日发表过一个演讲，主要是从财务的视角分享了他对企业经营的感悟。以下是演讲的内容：

所谓经营，数字便是一切。因此，要成为真正的经营者，就必须会算账，懂会计。

随着全球化时代的到来，现代企业面临的市场环境和内部情境复杂多变。企业经营者必须正确把握自己企业实际的经营状况，在此基础上做出正确的经营判断。而要做到这一点，前提就是要精通财务数据以及数据处理的方法。显然，财务数据是"现代经营的中枢"。如果将企业比作天空中飞行的飞机，那么会计不仅仅是告诉飞行员已经飞了多远、多久，更重要的是告诉飞机现在面临的状况：高度、速度、姿势、方向、天气、油耗等。不懂财务数据怎能经营企业！

或许有人认为，经营哲学与损益计算表是两回事，这是不对的。如果你真的想要实践经营哲学，你就必须把哲学落实到损益计算表中去，必须将哲学转化为具体的数字。例如，销售额从 10 亿日元下降到 7 亿日元，出现了亏本。这时就必须努力削减经费，把经费控制在与 7 亿日元销售额相符的水准内。要把损益计算表中的科目细分，并一项一项仔细分析，看看哪个科目哪个数字可以削减，彻底研究探讨。这样，针对已下降的销售额，彻底减少经费，哪怕销售额降低仍能保持盈利，这才叫企业经营。

我的情况是，这样做出来的损益计算表，也就是各个部门的月度决算表，加起来有一叠。以前，出差时也好，在家时也好，我总是带着不离身，一定会放在随手的拎包中，有时甚至抱着它睡。这些表列出了细分的计算科目，因为是分部门核算的表格，加起来有几十张，仔细观看每张上的每一个科目，就要花费一两天的时间。所以，我总是放在手头，抽空细读。

那些财务数据，尽管看起来好像只是罗列了一个个枯燥无味的数字，但你必须认真细致地观看这些数字，思考为什么会产生这样的数字。当你想明白的时候，从这些数字中就会浮现出现场负责人的面孔。数字会向你仔细描述实际的经营状态。这是比任何生动的小说都更加有趣的读物。所以，不管出差还是留在公司，各部门负责人所采取的工作措施、各事业部的状况，整个企业的实际状况，我都可以了如指掌。

那么，如何"通过数字展开经营"？

首先要"数字正确"。

必须无可挑剔。我们每天都要意识到，只有拿到正确的经营数字，各个部门乃至整个公司才能据此进行经营判断。

财务上的数据失误，会直接影响经营判断。要做到完美很难，但一定要有追求完美的态度，这样就能减少犯错。对于会计统计数据，经营者要严格审核，不允许出现任何错误。经营者自身严格贯彻执行，完美主义原则就能够渗透到整个公司，成为每位成员的习惯。"对不起，我重做"是一种遁词，错误不可能用橡皮擦掉。

其次要"数字透明"。

要用严肃的态度来"通过数字展开经营"。财务必须是光明正大的，而不能弄虚作假。另外，不但经营者要知道公司的经营状况，员工也需要知道经营者在干什么，这才叫透明。

通过构建一个玻璃般透明的系统，使隐蔽或模糊事实的企图变得不可能。不论在什么情况下，都必须保证钱、物和票据的一一对应，尤其是赊销和赊购，每一笔对应的是什么必须清清楚楚，不能笼统对冲。坚持贯彻一一对应原则，数据就能够如实地反映经营事实，票据上的数字累加起来，就是公司整体的真实数据，据以做出的结算报表就能够如实体现公司现状。

我一直倡导"以心为本"的经营理念。人性都有两面性，每个人都有脆弱的一面，再诚实的人也难免会一时鬼迷心窍。为了保护员工，就要设计不让人犯错的制度。这就是要设计"双重确认"制度的原因。设计双重确认制度，不是本着人性恶，不可相信的假设，而恰恰是本着关爱人的态度，防止人滑向堕落。

具体而言：

1. 对于进出款项的处理，开票的人和管钱的人必须分开；

2. 对于每日合计的现金余额，必须同票据数额保持一致，不仅是总额一致，而且必须在每一个时点都保持一致；

3. 对于公司印章，设置双重护锁，使用必须经过两人；

4. 采购物品和服务时，需要物品的部门必须向采购部开具委托购买的票据，请采购人员发出订单，禁止需要物品的部门同供货商直接联系；

5. 对于赊销赊购款项的收付，亦非销售人员一手包办，而是一律通过公司财务部办理；对于废料处理，必须双重确认数量和金额；

6. 乃至自动售货机和投币电话的现金回收，尽管数字很小，也不能一人办理而要两人互相确认。

"双重确认"原则并非基于对员工的不信任，更非"人性恶"假设，而是出于防范人心脆弱的一面，"是经营者对员工的关爱之心，是不让员工犯罪的善的信念"。更重要的是，贯彻该原则能够提高公司的道德水准，使员工相互信任，对于保证企业健康运行具有重大意义。

再次是"数字管理"。

最小的组织单位也必须有明确的数字目标！

要用具体的数字明确地表述目标，不光是销售额，包括利润都要建立明确的目标，并用数字具体地表示出来，而且这种目标在空间和时间上都必须明确。空间上明确，即目标不是全公司的一个抽象数字，而是要分解到各个部门的详细资料。再进一步，每一个基层员工都要有明确的指针和具体的目标。时间上明确，即不仅设定年度目标，而且要设定月度目标，月度目标明确了，每个人就能看出每一天的目标，员工们明白自己每一天的任务，完成这些任务就必须明确目标。

数字目标明确，目标就可以与员工共有。如果目标不明确，即经营者不能指明公司的前进方向，员工就会无所适从，各行其是，行动、方向混乱，结果力量分散，组织的合力就无从发挥。

我并不主张设立长期的经营目标，长期计划即使设立，要达成目标几乎不可能。在此期间，必有超出预想的市场变动，甚至发生不测事情，计划本身就失去了意义，或者需要向下修正，或者不得不放弃，这类事情司空见惯。员工见多了这样的计划，会产生"反正也完不成，也没有关系"的想法，甚至漠视这个计划。一旦经营者再次揭示经营目标，员工反而失去了向目标挑战的热情。更坏的是销售目标没有达成，费用和人员都按计划增加了，销售额减少而费用增大，经营就更加困难，日子就会变得更不好过了。成功经营取决于坚强的意志。一旦确定数字目标，无论发生什么情况，目标非实现不可，这种坚强意志在经营中必不可少。但是，不少经营者眼看目标达不成或寻找借口，或修正目标，甚至将目标计划全盘撤销。经营者的这种轻率的态度不仅使实现目标变得根本不可能，还给予员工极大的消极影响。

最后是"数字经营"。

利润无须强求，量入为出，利润随之而来。

销售最大化、费用最小化是经营的原点。要在销售额提升的同时，不是增加费用，而是保持费用不变，可能的话还要降低费用，这才是经营。

降低一切能节省的费用。使用二手办公家具，将没有的库存直接清理，不再计入资产。对固定费用的增加保持警惕，设备不是要最贵的，而是要性价比最高的。

我降低费用的办法是：不要预算制度，需要花钱时，提出书面申请，即时裁决。在京瓷采购的时候，每次只买当月的材料，有时甚至是只买当天的东西。即使一次买一斗更便宜，他也只买一升。东西一多，用起来就会大手大脚，不知道节约。但手头刚刚好时，就会谨小慎微，发挥出费用的最大价值。即买即用，看上去买贵了，但能让人们珍惜使用，不多买就不用库存，没有库存就不需要库房，不需要被库存占用资金，不会花费去管理库房，节省的成本更多。

为将经费压缩到最小，可以采用"单位时间核算制"把经费科目细分，比一般会计科目分得更细，构成所谓实践性经费科目。比如，不是笼统列出一项"水电煤费用"，而是将其中的电费、电费、燃气费项目分别列支。

这样做，从事实际工作的员工就能一目了然，并可采取具体行动来削减经费。看了细分后的核算表，"啊，这个月电费花多了"。现场负责人就掌握经费增减原因，便于切实改进。

日本常有一种说法："中小企业似脓包，一旦变大便破碎。"说到底，就是因为没有采用上述有效的管理会计手法。

经营必须有余裕，这是创业者的铁律！

总之，成功没有捷径，努力才是通往成功的光明大道。

企业经营就是竞争，当竞争对手比我们更努力时，我们的努力就不奏效，我们就会失败和衰退，仅仅是尽了自己的努力，这样的公司不可能发展。在血雨腥风的残酷而激烈的企业经营中获胜，必须付出不亚于任何人的努力。还必须每天不断持续，任何伟大的事业都是一步一步、踏踏实实努力积累的结果。

希望大家始终抱有乐观、向上的心态，抱有梦想与希望，以诚挚之心处世，不管处于何种逆境，都保有开朗和积极向上的态度，永远不失去梦想和希望！

案例中，我们看到了稻盛和夫先生的经营之道。笔者深以为然。那现在我们从几个角度来分析下我们通常会在会计管理上有哪些误区。

错误的成本观

在分析案例之前，我们先了解下会计的相关知识。这方面专业的书籍很多，在此不一一道来。有这样一种分类的方式，在我看来比较容易被大家理解。从学科的角度而言，会计可分财务会计和管理会计两部分，它们的交叉部分为成本会计。

财务会计：编制财务报表，为企业内部和外部用户提供信息。其重点在于报告财务状况和营运状况。财务会计有助于提供决策有用的信息，提高企业透明度，规范企业行为；有助于企业加强经营管理，提高经济效益，促进企业可持续发展；有助于考核企业管理层经济责任的履行情况。

管理会计：主要是对企业的管理层提供信息，作为企业内部各部门进行决策的依据。没有标准的模式，不受会计准则的控制。

成本会计：指为了求得产品的总成本和单位成本而核算全部生产费用的会计。成本会计的中心内容为成本核算。成本会计分为管理及财务两个方面，成本会计协助管理计划及控制公司的经营，并制定长期性或策略性的决策，并且建立有利的成本控制方法、降低成本与改良产品。

成本冗余

下图是 TOC 的企业全景图，它形象地把企业经营各个模块之间的关系展现出来（图 2-1）。

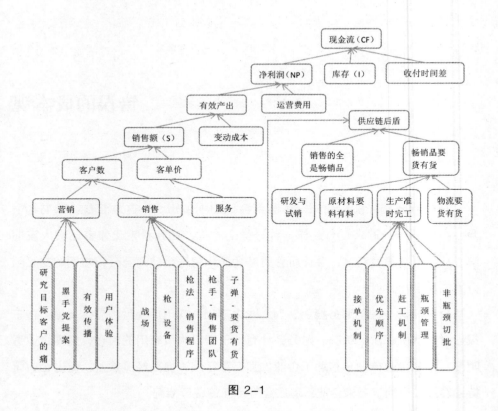

图 2-1

从最上面开始看，不把借款和融资等金融性资产放在内，靠企业自己造血的话，现金流 CF＝净利润 NP－库存 I－（应收 G－应付 P）。至于应不应该把借款和融资放在内，就要考虑企业的可持续发展和风险把控了。长远上来看，企业靠自己如果不能实现正向的现金流，将是具有很大风险的事。

知名在线教育品牌学而思网校的母公司"好未来教育集团"坚持的财务观是：即使公司哪一天面临破产，公司破产时学生的预付款要保证能全额退返；员工的工资要保证能发；供应商的欠款要保证能还清。所以，他们宁愿让公司的账户上躺着 20 亿美金的现金，而不愿去做理财，不去盲目地去扩张，这一部分的钱是坚决不能动的。在很多人看来，这是不是"傻"。不过在"好未来"看来，这却是一条不可触碰的底线。

再回到主题，现金流 ＝ 净利润 － 库存 －（ 应收 － 应付 ）；净利润 ＝ 有效产出 －

运营费用；有效产出＝销售额－变动成本；销售额＝客户数 × 客单价。客户数通过营销和销售来解决（本书的后面章节会详细跟大家探讨），客单价通过服务来解决。这是公司发展的基本框架。

提到成本，我们看到成本主要分为两类。一类是变动成本，就是生产一个产品的固定原材料成本，比如做一件衣服，会用到多少布料。这个成本会随着产品的数量增加而增加。另一类是固定成本，就是厂房的租金、员工的固定工资部分等。

财务在产品核算时往往过于看重成本，总是把固定成本的部分往产品上去分摊。有些人可能会说，如果这些成本不分摊到产品上，这个成本由谁来出呢？在此笔者特别提醒一下，不是不分摊，而是要拆成两部分，一个是变动部分，一个是固定部分。

为什么要这么麻烦呢？这样便于更好地抉择。

假如有一个工厂原本生产一个产品，经过成本会计的核算，所有的成本总共是1100元，出厂价在1300元。市场上原先的订单量，需要全员每天加班到晚上10点才能完成。现在出现了突发的状况，外部的市场环境发生了大的变化，突然订单大幅减少。现在正常的下午6点就能下班。当有一个客户找来，说行情不好，现在只愿意以1000元一个的价格下10万个。这10万个让员工在未来几个月又能每天加班到晚上10点。

这个时候，老板该怎么办？

老板一看这一个就亏100元，10万个亏1000万。亏个10万有可能接受，亏个1000万，这哪里接受得了啊？心里立马就拒绝了。我相信，大多数老板都会这么想，对吗？

好，我们把成本核算分开一下，原本生产一个产品的变动成本部分为800元（这里面包括员工的计件工资200元），固定成本部分为300元。合计成本还是1100元。

客户只肯给1000元，这个单到底能不能接？笔者给的答案是能接。为什么？

（1）1000元高于变动成本的800元，而固定成本呢，就算是没有这个订单，你都要付，厂房的租金要付，员工的固定工资要付。而有这个订单呢，相当于这个订单代替你付了200元的固定成本。

（2）有这个订单，员工的计件工资就有了保证。做过工厂的都知道，员工喜欢加班，为什么喜欢？无非是想多赚点钱。如果没有这个订单，让员工只拿点固定工资，怕是不出两个月，人多走光了。看过电视剧《大宅门》吧，如果朝廷查封百草厅的时候，二奶奶不咬着牙，把好的工人养着，能有后面翻身的时候吗？而相反，正是因为把人养着，所以她的竞争对手反而没有可靠的人用。

基于以上两点，我们可以看到当订单不需要增加固定成本（不需要加人、厂房等）的时候，固定的成本就不应该当成成本来看待。在此，姑且将这个现象称为"成本冗余"（本书第七个思维模型）。事实上，即便固定成本有些许的增加，也不妨碍上面案例中老板的抉择。

有一个顾问之前帮一个朋友做了营销的方案，以下是微信聊天记录：

顾问："你老公是做餐饮的是吧？"

何："我老公以前是做建材行业的，当时是在一个全屋定制公司做执总，后面从前年年前开始做餐饮，现在餐饮店就剩一个了，店子也不大，但事情蛮杂的，他做的就是前面的所有事情了，收银接代送餐一起，店里也只有六个人，现在他也做得蛮痛苦。"

顾问："快餐性质的吗？"

何："不是，就是普通炒菜火锅店这种，我们店是正对红星美凯龙。"

顾问："有多大面积？"

何："一百多平方米。地理位置属于还没发展成熟的商圈，现在属于商圈没有人流量，只要有人流量就生意火爆。我们店正对红星美凯龙、奥特莱斯、麦德龙大门。去年生意还蛮好，但今年经济不景气，然后红星的员工八元的蛋炒饭都吃不起，要吃六元的蛋炒饭。我们店的价格稍微高了点，但我们的味道好、分量比较足。"

顾问："搞过会员卡的方案了吗？"

何："以前搞了。"

顾问："没用是吧。"

何："充值的一直是关系户，因此没有太大的意义，没能灵活贯通倒是实话。"

顾问："我跟你理一理哦！首先，搞清楚菜的成本，占售价的多少。只算菜、油、盐等直接成本，不要算人工均摊、房租。四成有吗？我跟你理完，你回去跟你老公沟通，不明白的再来问我。"

何："四成应该是差不多的。"

顾问："一般的餐饮是三成到四成之间的。"

何："是的，我们买的都是好东西，价格稍微高点，基本上都是四成左右。"

顾问："一、菜品的变动成本是四成。二、在现有的基础上，在不增加人员的情况下，扣除菜品的变动成本之外，总体的成本是不变的。"

何："这个是的，只有菜品是变动，然后呢？"

顾问："成本分为固定成本和变动成本。固定成本就是人员工资、房租水电、设备成本等，变动成本是菜买得越多，就产生得越多，是跟菜成比例的，这个理解吗？"

何："理解。"

顾问："三、那么考虑增量部分，也就是在现有的已经产生利润的模式不变的情况下，增加的销售额，对应的利润就是多赚的部分。"

何："这个也明白。"

顾问："四、针对这部分做活动。销售的价格可以最低做到四折，就是增量的部分不赚不赔。这四折到全价之间的空间就是活动的空间。这个明白吧？"

何："懂，这个是有道理，之前我没想这个。"

顾问："五、发放优惠券，按我跟你设计的套路，指定空闲的时候使用，让满200元抵扣100元的活动不定期做。"

何："我和我老公试看看。"

顾问："六、创建微信群，群里的客户长年享受八折优惠。"

何："还有不？"

顾问："七、设置会员制，登记生日、纪念日，登记的日期来消费六折。八、充值卡（针对快餐的客户），限制中午消费为七折，即充值210元送90元。如果你按我说的做了，你的菜品的质量有保证，能够服务良好，诚信经营的话，生意一定会好。"

何："我先发他看看，看能不能做到哈，我怎么感觉你对餐饮的策划得心应手。"

顾问："我不是只懂餐饮，只要不是特殊的行业我都行，因为我掌握的是经营的方法。"

项目	简称	改变前	改变后	
			原本	增量
营业额	T	100 万元	100 万元	50 万元
运营费用	OE	50 万元	50 万元	0 万元
变动成本	VC	40 万元	40 万元	35 万元
利润小计	GP	10 万元	10 万元	15 万元
利润合计	GP	10 万元	25 万元	

图 2-2

根据上图 2-2，我们可以看到，假设按这个方案执行一年，可以增加 50% 的销售额，由于增加的部分平均打了 6 折，4 折 /6 折，66%，就算 70% 的是成本，那么变动成本会到 35 万元。增加部分的利润率即为 30% 左右的纯利。那么，增加的利润都要比之前的利润高上不少。

这个案例中，门店的问题是店面的生意不够好，而不是人员不够用，所以瓶颈在销售这个环节。于是，就有了增加的销售额，而不增加员工的人数。在此基础上来吸引人气，让店面人流量大起来，从而吸引更多的人（两个同类型的饭店，人们总是愿意相信，吃饭人多的那一个做得更好吃）。额外增加的业绩，所对应的人员成本就几乎没有，或可以忽略不计。

降成本增加了库存，值得吗

案例中提到，在京瓷采购的时候，每次只买当月的材料，有时甚至是只买当天的东西。即使一次买一斗更便宜，他也只买一升。他为什么选择了贵的方案？从成本的角度来讲，我们企业通常不遗余力地在做的一件事就是降低成。

会计分类里成本会计的作用就是要计算出产品的单位成本，帮助企业制定策略性决策，企业的管理人往往会收到财务的成本过高的预警，老板往往会给公司的采购部下死命令，必须降低成本，并将此作为采购部分的绩效考核。这一幕大家是不是非常熟悉，而作为采购是不是会感同身受。

笔者之前从事过近 10 年的贸易，我们的销售人员经常收到客户的询价，某某型号要 30PCS[①] 得多少钱？解释下笔者从事的 IC（集成电路）类的芯片贸易，单片的货值较高，贵的单片的货值有几千元、几万元，甚至过十万元不等。某种型号的 IC 如果数量级改变了，价格相差可能高达数倍。

我们专业的销售人员为了获取更高的利润，当他判断出市场上的货源

---

① PCS 指 pieces 的缩写词，指的是个数、件数、台数的复数。

紧缺的时候，就会报得很高。比如，一个型号正常采购价为 50 元，客户要 100PCS，他可能报 100 多元，此时得到了客户的反馈是竞争对手报 70 元左右的正常报价。这种情况下，客户已经对他的报价非常不满意，甚至觉得销售心太黑了，竟然想一下子想赚那么多。实际上，销售真的就是想黑一笔，多赚点钱。但他不可能去承认，不然就跟这个客户彻底决裂了。

出现这种情况，我们的销售人员就会根据公司的要求做如下回复："价格差距较大的原因可能是渠道不同，我去核实下采购那边是否有其他的渠道，我十分钟之后再和您联系！"放下电话，销售人员其实并不会去联系，等了十分钟后，给客户打电话："我们找到了一个更好的渠道，价格是 60 元，但要求最少采购 1000PCS，才能给这个价格。"

笔者相信，我们企业的采购都会遇到以上一幕。但是，他们可能自己做不了这个主，经常会去找采购部的负责人或老板去申请，是否可以扩大数量级采购。

到底是该买还是不该买呢，面对着百分之十几的成本降低，面对着老板对采购部降低成本的死命令，面对着采购部门的绩效考核，结果是不言而喻的。

成本会计这个工具并没有错

当然，不是说所有的批量采购都一定会有问题。对于贸易类型的企业而言，如果我们确实为了做好客户服务，要满足客户单一型号的长期需求，这么做没有问题；在为了争取客户，必须满足供应商最小起订量的情况下，也必须这么做；又或者批量采购的价格极低，客户已经下单的订单的利润已经远远超过了多买的库存的成本。

对于制造业来讲，可能就值得我们慎之又慎了。作为顾问，笔者曾经走访过很多企业，发现有三分之一的材料在需要的时候总是没有，三分之二的材料却总是库存积压。

为什么我们为了降低成本，批量采购材料反而会带来如此不好的影响呢？难道是成本会计错了吗？

在此笔者要讲的是，不是成本会计错了，成本会计无非是用科学的方法让我们的财务人员得出单个产品的成本，它只是作为一个工具，并没有错。归根结底是我们有了错误的成本观，我们不应该过于高估成本会计的作用。还记得第一章 P、Q 的那个练习吗？我们很多朋友都会因为 Q 的利润高，而选择先做 Q，结果已经证实，我们经常会因此而做出错误的决定。

错误的库存观

库存是负债

库存不仅是财务会计里的资产，更是管理会计中的负债。

传统的财务会计在出财务报表的时候都会把原材料库存、成品库存当作资产。但今天，我们企业的经营者终于开始意识到库存慢慢变成了企业的负担。李宁服装品牌，是知名运动员、"体操王子"李宁在1990年创立的专业体育品牌。李宁曾担任2008年北京奥运会主场馆的奥运圣火的点燃者，李宁集团在此影响下可谓红极一时。然而，有一段时期它的业绩却表现得非常惨淡，罪魁祸首就是"库存"。

回到前面的问题，为什么会出现缺货和积压并存的现象呢？

批量的采购其实是会占用大量企业的现金流的，在批量采购的情况下，企业可能永远也无法保证原材料的消耗是按照同等的百分比来进行。大批量的采购占用了大量资金，企业在其他的地方也需要大量的资金，当出现某一个原材料缺货时，由于成本考核的影响，企业往往愿意等一等，等到资金充足的情况下再去大批量补购。所以，就一定会出现缺货和积压并存的情况。反之，如果使用小批量采购，则可以灵活地处理缺货与积压的问题。

我们用第一章里面的冲突图表展现一下采购部门的现实冲突（图2-3）。

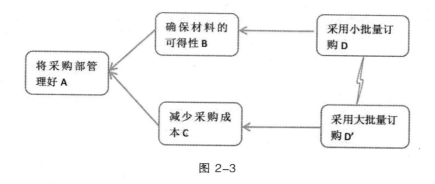

图 2-3

按照冲突图的逻辑来读一下，为了将采购部管理好，必须确保材料的可得性；为了确保材料的可得性，必须采用小批量的订购方式；

为了将采购部管理好，必须减少采购成本；为了减少采购成本，必须采用大批量的订购方式；而采用小批量的订购方式与采用大批量的订购方式是个冲突。

让我们来厘清现实，如果我们大批量采购，可得性是不是就一定差了？我们前面分析过，大批量对于资金的占用，使得企业没有充裕的资金进行其他材料的大批量采购。

或许有朋友开始质疑了，我们公司都是先用物料，3 个月后再付款。那我们把周期拉长一点，3 个月后再付款并不等于 3 个月后可以不付款。如果这批材料 3 个月以后，还是有大量积压呢，企业到底要不要付款？如果付款，照样是占用大量资金。如果不付再拖下去，企业的信誉就会越来越糟糕，那等待供应商的必然是不再积极的支持，甚至有可能终止合作，那以后谁还会跟企业合作，这样无疑是杀鸡取卵，伤害的是企业的未来。正确的做法是让供应商和企业共同成长，让整个供应链更有价值。苹果的供应链就造就了数以百计的上市公司。

并且大批量的采购，供应商不一定一下子就能供得出来。

所以，超出自己消化能力的大批量的采购一定会伤害材料的可得性。

质疑由 D 到 B 的这条路行不通，那我们再去质疑 D' 到 C，看是不是采用大批量订购的方式就一定可以降低成本。

从表面上看，材料的单位直接成本的确是下降了，但这种下降会不会导致在其他方面的成本升高呢？

如果其他方面的单位间接成本升高的比直接成本下降的还要多，那么直接成本的降低将毫无意义。

有没有这种可能呢？部分资金占用的资金成本、材料的仓储成本、材料人为造成的浪费、材料的自然损耗、科技在不断进步等因素，会导致材料极有可能被更好、更便宜的新材料所取代，被取代的沉没成本不可忽视。笔者在贸易生涯中曾多次见到销售人员用新出的性能更好、更便宜的新型号充当原有的旧型号，以此来高价买给客户。不过，客户更悲惨的是多花了钱，自己还并不知道这个沉没成本的存在。笔者认为，这种现象在公司中应该是一个普遍存在的现象吧。

更重要的一点是缺少材料会导致产品的研发、生产的延后，造成交货期的延长。在产品周期只有半年的消费电子行业，在周期只有 3 个月的服装行业，更有可能在竞品的打压下败下阵来，这对企业的损失绝对是难以衡量的。

稻盛和夫的京瓷已经告诉了你怎么做，"每次只买当月的材料，有时甚至是只买当天的东西。即使一次买一斗更便宜，也只买一升"。

小批量也可以小而易得

有朋友可能会提出，如果是小批量采购，是不是也会造成缺货？

的确是有可能的，但完全有办法可以规避。即便是小批量的采购，仍然可以采用购红、黄、绿的材料缓冲管理方式完美地解决，后文我们会详细地说明。前文讲到了材料成本。但对于企业来讲，还有一个重要的成本就是物流成本。物流成本都包含什么呢？在当今中国的物流极其发达的前提下，我们企业可以优化的都有哪些？

1. 运输成本：主要包括人工费用，如运输人员的工资、福利等；也包含营运费用，如营运车辆燃料费、折旧、公路运输管理费等，以及其他费用，如差旅费等。

2. 仓储成本：主要包括建造、购买或租赁等仓库设施设备的成本和各类仓储作业带来的成本。

3. 流通加工成本：主要有流通加工设备费用、流通加工材料费用、流通加工劳务费用及其他。

4. 包装成本：主要包括包装材料费用、包装机械费用、包装技术费用、包装人工费用等。

5. 装卸与搬运成本：主要包括人工费用、资产折旧费、维修费、能源消耗费以及其他相关费用。

6. 物流信息和管理费用：包括企业为物流管理所发生的差旅费、会议费、交际所产生的费用、管理信息系统费以及其他杂费。

物流成本和其他成本比较，有许多不同之处，但最突出的只有两点，这两点被归结为物流冰山现象和效益背反。

物流冰山理论认为，在企业中，绝大多数物流发生的费用，是被混杂在其他费用之中，而能够单独列出会计项目的，只是其中很小一部分。这一部分是可见的，常常被人们误解为它就是物流费用的全貌，其实只不过是浮在水面上的、能被人所见的冰山一角而已。

交替损益现象，是物流成本的另一个特点，物流成本的发生源很多，其成本发生的领域往往在企业里面是不同部门管理的领域。因此，这种部门的分割，就使得相关物流活动无法进行协调和优化。

笔者有一个做从香港往深圳报关生意的朋友，有一次他向笔者咨询把自己的企业做大做强的办法。他向笔者详细地介绍了公司发展中遇到的问题，其中最核心的就是客户难找。当然，他自认为最核心的问题也许只是一个现象而已。笔者就继续问他：客户都有哪些顾虑？和其他的公司相比，哪里做得不如别人？

他说，他们的报关的速度不如别人的快。刚开始，笔者想如果都是从香港往深圳报关，既然海关是同一个，距离是相同的，这么近速度不如别人快，能慢多少呢？笔者当时就觉得他说的这也许不是核心的原因。后面他又说了一句，由于我们经手的货物不是很多，我们经常会凑够一车后再报关，有时可能要等两到三天，而别的公司每天都会报关。

笔者于是就明白了以自己的三天对比别人的一天，可不就是慢到家了吗？笔者又问他："既然是这种情况，你现在已有的客户是怎么接受的呢？你价格比别人高，报关时长比别人长，那他们怎么还会跟你们合作？"

他回答说："基于一种信任，我们的服务很到位。"

到这里大家应该很清楚，笔者的那位朋友的核心冲突在哪里了吧（图2-4）。

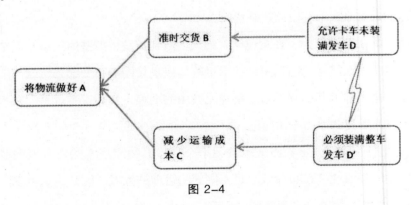

图 2-4

按照冲突图的逻辑来解读一下，为了将物流做好，必须及时交货；为了及时交货，必须允许卡车未装满就发货；为了将物流做好，必须减少运输成本；为了减少运输成本，就必须装满整车发车，而D和D'是冲突的。

本例如果我们从D到B，然后从D'到C去质疑存在必要性，似乎是无解的，因为除了均摊更高的车费外，还必须均摊报关行的服务费，没有足够多的货就是亏本。似乎解决问题的方式就必须有足够多的货。于是，问题的本质就变成了选择题：一个是先亏本提高报关时效，然后再获取客户；二是先慢慢地积累客户，逐渐地提高货物量。

当内部无法解决的时候，我们眼光可以往外看，从外部寻找机会。于是，笔者给他的建议是寻找和他同样处境的供应链公司，两个公司合单到一起运输一起报关。然后，在提高时效的同时，抓紧客户的开发，以争取更大的货物量，这样可以一举扭转恶性循环。

是否装满再发车的问题，其实也是很多需要自己送货的企业的核心问题所在。当没有装满车就发车时，产品的单位物流成本就会很大程度上升高。如果只装了三分之一，也就意味着产品的单位运输成本就会成倍升高。这其实也就解释了，为什么前面提到的显然出来的物流成本很有可能只是整个物流成本的冰山一角，也就是我们在实际的操作过程中交替损益了。

我们大家都知道京东打造了一个巨无霸级的物流公司，从京东的财报中，我们知道京东的物流公司一直在亏损。其实，京东的平台是很赚钱的，亏就亏在物流体系上。

为了打造次日达，甚至当天达这个物流优势，可谓投入巨大。不是说他们就一定亏在不装满再发车上，而是他们在前面提到物流成本中的开销过大。这么庞大的运载系统，但服务能力并没有完全饱和。当然，京东刚开始并没有只顾当下的利益，甚至用亏的方式不断提高效率。时至今日，我们终于看到了，京东的物流系统，在自身物流不饱和的情况下开始承接外部的物流订单，以及和顺丰正面竞争上了。但可以预测的是京东在短时间内，不可能竞争得过顺丰，因为当外面的物流订单对京东物流的资源占用开始影响到自身平台的次日达、当日达等优势时，京东自己的脚就会及时开始"踩刹车"了。

我们分析中国的物流市场，顺丰在其中占据着重要的地位，它以一招

"快"吃定天下。那我们再看传统的国企邮政系统，有些朋友不断地吐槽，说怎么不好。但在笔者看来，邮政的地位也是不可替代的，邮政的优势除了政府的公文等政策性文件的"可靠"之外，其次就是"广"，无论多偏远的小山村还是大山中的农家，它们几乎已经达到了"无孔不入"的地步，所以我们经常在寄顺丰的时候，第一个想的就是能不能到达。我们经常在纪录片中看到这样的情景，一个邮递员骑一匹马，花几天的时间为大山深处的人家送信件。从经济学的角度来看，这注定是一个不划算的行为，但作为一个国企，它就应该也必须有这样的担当。从这一点上来说，顺丰做不到这样的程度，京东也很难做到，四通一达更加不会。所以，笔者的观点是：如果中国只有两个快递公司，一个是顺丰，另一个一定就是邮政。

有的朋友可能心里会这样思索，如果我们不是物流企业的话，1、3、5、6好像跟我们没有太大的关系。快递是按单个收费，超重部分按重量收费，大件的物流，重货是多少钱一吨来收费，轻货是按多少钱一立方来收费，这个市面的价格已经很透明了，并没有改善的空间。

的确这是社会发展给大家带来的福利，意味着咱们在路上的运输时效更好了，其他的保障也更好了。客户对我们商品的可得性也会提高，会正向地减少我们的备货，这种能力正是一种社会效能的提高。

总之，自身的物流管理，结合市面上已经有的比较成功的物流服务，根据自己的需求，就可以做到小批量采购，而能保证商品的可得性。

走偏的预算

预算的目的

组织在做预算的时候，往往要达成以下目的：

1. 强迫计划：预算迫使管理层向前看，制订详细的计划来实现每个部门、每项业务甚至每个经理的目标并预计将会出现的问题。

2. 交流思想和计划：预算是一个正式的系统，这个系统确保计划涉及的每个人意识到自己应该做的事情。沟通可能是单向的，如经理给部下布置任务，也可能是双向的对话。

3. 协调活动：需要整合不同部门的活动，以确保向着共同目标一起努力。这意味着协调是很难实现的。例如，采购部应立足于生产要求编制预算，而生产预算应当基于销售预期。

4. 资源分配：预算过程包括识别将来需要以及能够获得的资源，应当要求预算编制者根据期望的活动层级或资源水平来判断他们的资源要求，以便更好地加以利用。

5. 提供责任计算框架：预算要求预算中心经理对其预算控制目标负责。

6. 授权：正规的预算应当作为对预算经理发生费用的授权，只要预算中包括费用支出项目，就不需要在费用发生之前获得进一步的批准。

7. 建立控制系统：可以通过比较现实结果和预算计划来提供对于实际业绩的控制。背离预算能够被调查，而且应将背离的原因区分为可控和不可控的因素。

8. 提供绩效评估手段：它提供了可以与实际结果比较的目标，以便评估员工的绩效。

9. 激励员工提高业绩：如果存在一个可以让员工了解其工作完成好坏的系统，员工就可以保持其兴趣和投入程度。管理层识别出背离预算的可控原因，为提高未来绩效提供了动力。

预算并不总是好的

然而，不切实际的预算，或者经理对预算进行缓冲以保证实现目标的预算，或者仅仅关注目标的实现而没有实际行动的预算，都不是好的预算。这些预算都没有关注长期后果，并且走到最后变成了为了预算而去做预算。打开百度搜索突击花钱，你就能看到以下的词条，里面有详细的说明。

突击花钱指的是政府部门在岁末一段较集中的时间内，把预算内的钱集中花出去。每年岁末，各级政府是否"突击花了钱"都是社会各界关心的问题。岁末政府多花钱几成惯例。专家认为，在《预算法》不完善的情况下，突击花钱的情况还会存在下去。不过，目前的主要问题是公开和监督，除了确实属于国家机密的，其他都应该公开。

财政部的统计数据显示，2007年，各级政府在最后一个月花掉了近1.2万亿元，超过全年财政支出金额的四分之一。2008年12月，政府的财政支出金额为超过1.5万亿，2009年为两万亿。而2011年，按照统计数据，财政部门不得不在余下的近两个月中确定超过3.5万亿财政资金的去向——这相当于瑞士2010年的国内生产总值。

问题的根源是什么呢？

湖北省统计局副局长叶青曾这样说过，"突击花预算"是各个部门、各个单位都存在的普遍现象。"我们不允许上一年没用完的预算留到下一年，因此只能在有限的时间里全部花完。"

在过去的很长时间里，中国一直实行传统的"基数预算"。在这种模式下，每一年的预算决策都是在上一年拨款的基础上增加一定的数额，并且结余全部上缴。

叶青举例道："一个单位预算是100万元，但是只花了80万元，节约下来的20万元不仅全部上缴，而且第二年的预算会因此被削减为80万元。"

"节约不仅没好处，而且还吃亏。"叶青说，"这是最大的问题。"他和其他财税学者大力提倡的，是另一种模式的"零基预算"：每年的预算都从零开始，不考虑上一年的金额。不过，在持续十余年的地方政府和部门预算改革中，这一模式虽然早已被广泛地认可，却始终没有真正实现，"人们习惯上还是会把上一年预算花销的数额变成下一年的金额"。

在此，笔者想说明的是这究竟是政府部门的专利，还是企业做预算也会出现同样的情况。在笔者看来，只要是实现同样的预算制度，不管是政府还是企业，都或多或少地会出现乱花钱的现象。

当笔者还是一个基层管理者的时候，每次组织诸如企业文化类的活动、落实公司的福利政策的时候，都要去思考老板会不会同意、员工会不会满意等，有的时候真的会因为没有预算的授权而缩手缩脚。所以，如果没有预算，用多少申请多少，会让基层的管理者的主观能动性受阻。如果有预算，不用特别地申请、审批，自主地在自己职权范围内开展活动，的确会提高效率。但往往大多数企业都无法保证预算的实施能实现自己的目标，花了钱还被大家埋怨。

本章小结

　　本章通过稻盛和夫的演讲分析了财务会计中常见的错误观念：不要一味地降低成本；库存是资产，更是危险的负债；预算不再是大企业的必选项，这些错误的观念都是局部效应的展现。关键词：成本冗余、可得性、突击花钱。

第三章

产品的打造

用户的需要是产品的源泉

谈到企业营销，我们不得不谈到产品。如果一个企业没有一个良好的、站在时代前沿的以及满足客户内在需求的产品，我们甚至都不能开启基本的商业模式，更不用谈营销了。所以，在我们具备一定的思维能力之后，首先要谈的一定是产品，而产品能力则是我们商业的底层能力。而数字化的工具能把好的产品的特征跟客户进行更好的适配。那说到产品，我们的脑海中一定会浮现出各种千奇百怪的图像。那么，到底什么是产品呢？

在回答这个问题之前，我们一起来看一个梁宁老师在"得到"的专栏课程《产品思维30讲》中所讲的一个小故事：

话说一个村庄里没有水，村长就委托两个年轻人给这个村庄供水，让村民向他们支付费用。

第一个年轻人艾德，马上买了两只大桶，每日奔波于10里以外的湖泊和村庄之间，立即就赚到了钱。

另一个年轻人叫比尔，自从签订合同后，他就消失了。

半年后，比尔带着一个施工队和一笔投资回到了村庄。过去半年的时间里，他做了商业计划，找到了投资，注册了公司，并雇用了项目施工管理的专业人员。之后，比尔又花了一年多的时间，修建了一套从湖泊通往村庄的供水管道系统。

清水从水龙头中涌出的那个瞬间，艾德的生意被摧毁了。在比尔建设管道期间，艾德赚了一年半的钱。

这个故事还是挺形象地解释了赚钱的事与值钱的事之间的不同。

两者的区别，赚钱的事，核心是当下的利润差，且现金现货，将本求利。

但是，你赚钱的时候，别人在设计一个更大的结构覆盖你。当比尔的水管接通，艾德愤怒妒恨、哭天抢地，找村长都是没用的。

一个时代结束了，就是结束了。所谓"互联网＋"对传统企业的进攻，大致如此，传统企业也无法逆转大势。

而值钱的事，核心是结构性价值，它的兑现时间在某个未来。

如同比尔的供水系统，在拧开水龙头，清水流出之前，他所面对的是日复一日的现金消耗，以及所有人对他无尽的质疑——我们到底能不能完成这件事，接通水及赚到钱？

从投资人的角度看比尔的水管项目，投资人首先要对市场需求与供给能力、成本结构以及市场变化概率进行评估，然后估值和投资，最后再进行收益分成。

那市场需求有多大？

没有水管之前，艾德每天从湖中打水运到村里，村里的人不一直是这样过的吗？

但是，有了水管，就可以规避艾德某天身体不好或者家里有事导致的供应不稳定。人们可以 7×24 小时用水，还可以洗澡、清洗房屋，用水的需求大大扩大了。其实，人们有各种使用水的想象力，只是之前供应能力被限制而已。

你需要用变化中的视角，看市场需求的大小，以及投入的成本是否有价值。

村中是否有尚未发现的水源，其实可以打出井水，然后建同样的管道和比尔竞争？

比尔的策略应该是在地下水没被发现之前，先击垮竞争对手艾德。如果有人发现地下水，就应该果断兼并这家新公司，以垄断供应能力。

所以，曾有创业歌谣"C轮死、D轮合"来描述美团点评、滴滴快滴的合并故事，其实都类似于湖水兼并井水。

整合行业的供应能力，是为了避免在市场容量大致确定的情况下，同质化竞争降低企业利润。

还有什么风险呢？地下水突然没了，湖干了、井枯了这些都属于天灾，算是运气不佳。

但如果水管开通之日，突然收到通知，说这个村庄的位置属于三峡淹没区。一年后，整个村庄将被淹没进入水库之底，所有村民都要在一年内搬迁走。

这就是比尔设计的结构败给了一个更大的结构，所有人都白干了。

就像"O2O大战[①]"中，那些做了个App(智能手机第三方应用程序)，然后围着某个小区殷勤服务的O2O小商家，一年之后则已经"灰飞烟灭"。

在每个新生的领域，我们都将看到无数结构的挤压和整合，直到形成一个坚固有效的大结构，譬如美团之于千团大战。

这也大致解释了，为什么京东物流不赚钱，但它值钱。

京东在这个过程中，建设了一个巨大的结构——以京东物流能力为代表的京东整体的智能运营系统，京东值钱的是这个结构。

就好像在这个故事里，比尔拥有的是那个沟通湖泊与村庄的供水系统，湖泊并不是比尔的。

京东一直亏钱，但它的结构一直在扩张，不断覆盖更大的空间，并且它的系统效率也从未被其他电商超越。这就是一个不赚钱的公司，真正值钱的所在。

能够看清一个更大的时空里，产业结构模式乃至社会结构模式的变化，就

---

① 2010年"美团"国内诞生以来，短时间内涌现出数百家类似平台，因而形成了激烈的团购市场竞争。

是战略能力。

何为产品，用户得到的也许是水，但对于提供水的竞争者来说讲，他的产品应该是他给用户确定性的服务能力。京东不生产商品，它只是商品的搬运工，它自己的产品却是系统的服务能力。所以，广义的产品应当包括商品的内涵（硬件、软件）及外延（服务、思想、方案、渠道、资金、文化）。

颠覆式创新及规避

　　从商业的角度，我们要开发一个新产品的时候，我们首先要思考一下这个产品的顶层框架，是否正如前文故事所讲的，还会有一个更大的结构将要覆盖自己。正如王东岳先生的递弱代偿理论（本书第八个思维模型）所讲到的，"越高级的事物生存度越低，我们仍然吃着几万年前培养的粮食和几千年前驯养的牲畜，却将十几年前还视为高科技的 BP 机（寻呼机）抛诸身后"。

　　所以，我们必须用发展的眼光看未来的趋势，燃油车是否会被电动车取代，工厂工人是否会被机器人取代。在这里，不得不提到颠覆式创新。

　　说到颠覆式创新，我们不得不提到，乔布斯之于苹果，则是重新定义了设计之美，于是苹果的产品变成了"艺术品"。他重新定义了智能手机，使得功能手机行业变得无关紧要。我们更不得不提到埃隆·马斯克，他最早创立了互联网支付工具 paypal，他还创造了全世界第一辆纯电动汽车，并第一次让纯电动汽车有了自动驾驶的功能。他第一次将火箭的回收变成现实；PayPal、SpaceX、SolarCity（光伏发电公司）、Hyperloop（超级高铁）、Tesla（特斯拉），这一串令人头晕目眩的公司背后都有马斯克的身影。其中，SpaceX 是继美俄中三国之后，实现了自主发射和回收航天飞行器。且是以一个公司之力完成一国之力才能干的事情，可见他的确非同寻常。那他是怎么做到如此的颠覆式创新的呢？

　　我们先看看埃隆·马斯克自己是怎么说的："我们运用第一性原理，而不是比较思维去思考问题是非常重要的。我们在生活中总是倾向于比较，对别人已经做过或者正在做的事情我们也都去做，这样发展的结果只能产生细小的迭代发展。第一性原理的思想方式是用物理学的角度看待世界，也就是说一层层拨开事物表象，看到里面的本质，再从本质一层层往上走。"这是他眼中的"第一性原理"——回溯事物的本质，再来重新思考怎么做。比如他的Hyperloop。如果他用比较性思维去做高铁，那最多也就在参数上提高、动力更强以及流体力学更好等。但他回溯到人类造火车的本质目的——将较多的人或货物从指定地点 A 运送到指定地点 B。这是造火车的本质目的，并没有人规定必须用动力牵引的形式造火车。但因为我们长时间以来都是这样造火车的，导致我们固化地认为，火车就应该长成那样子。而伊隆·马斯克却用批判性思维和怀疑精神拷问这个固化认知，回溯到事物的本质，重新设计出颠覆人们观念的东西。

思维的力量如此强大，这也是笔者在本书的首章就着重论述思维模型的原因。

产品的定位

我们直接搜索产品的定位，就可以看到这样的定义：产品定位是指确定公司或产品在顾客或消费者心目中的形象和地位。

一般而言，产品定位采用五步法：

1. 目标市场定位，满足谁的需要？

2. 产品需求定位，他们有些什么需要？

3. 产品测试定位，提供的是否满足需要？

4. 差异化价值点定位，需要与提供的独特结合点如何选择？

5. 营销组合定位，这些需要如何有效实现？

目标市场定位，满足谁的需要

目标市场定位是一个市场细分与目标市场选择的过程，即明白为谁服务（Who？）。在市场分化的今天，任何一家公司和任何一种产品的目标顾客都不可能是所有的人。对于选择目标顾客的过程，需要确定细分市场的标准对整体市场进行细分，对细分后的市场进行评估，最终确定所选择的目标市场。

目标市场定位策略：

1. 无视差异，对整个市场仅提供一种产品；

2. 重视差异，为每一个细分的子市场提供不同的产品；

3. 仅选择一个细分后的子市场，提供相应的产品。

这个产品可以是市面上已经存在的产品，我们首先要考虑的是用创新的方式去打破，马斯克的可回收火箭理所当然的就是以创新的方式去打破。如果不能够做到颠覆式创新，至少也要给体现出产品竞争优势，譬如小米手机突出性价比、OPPO 手机主打拍照的功能、vivo 手机主打快速充电，女装品牌秋水伊人主打杭派女装的款式，等。当然，产品也可以是一个新的发明，而对于一个新的发明则不必追求完美，可快速推向市场，以寻求目标市场的及时反馈。

谈到产品到底满足哪些群体的核心需求，我们不免要提到用户画像。如果"果粉""米粉"能称为一类用户画像的话，为同一类用户提供不同的产品，我们称之为粉丝经济，这样的用户的忠诚度无疑是比较高的，苹果公司、小米公司就将至少已经购买过一次自己产品的人消费者定位为"果粉""米粉"。

当然，我们大多数的产品并不能够做到这一点。那我们究竟为谁服务，我们能抽象出来吗？或者说，我们抽象出这一类客户群体，我们能够做到快速识别吗？

几年前，一个顾问团队去服务顾家工艺，帮助其改善某个营销的项目。当他们在走访的过程中向设计团队的设计师请教用户画像时，设计师反馈说："我们的沙发是为白领设计的。"也许设计师设计时的确是想着为广大的白领设计的，但里面却有不少的问题。顾问团队提到："麻烦请教下，设计团队能否描述下哪类人是白领，白领都有什么特征，在大街上是否能区分出谁是白领？"

设计师团队则哑口无言。

顾问团队在门店安装了监控设备完整地记录了一个月的数据，并对数据进行了分析，最终发现一对男女以及带着一个孩子的顾客的最终成交率达到了80%，其他类的顾客成交率不过20%。于是，顾问团队抽象出了顾家工艺的用户画像——"年轻的家庭用户"。当设计团队看到这个结果时才恍然大悟，一对年轻的夫妻，有了自己的孩子，经过努力终于买了人生的第一套房，有了软装的刚需。而这个产品的风格正好适合年轻人的需要。

于是，优秀的顾家工艺设计团队立马想到了为这一类重新抽象出来的群体设计他们生活场景中还需要的其他家装产品。

他们公司的销售团队立马调整了销售的重心，主抓这一类群体的销售及需求调查。凡是一个男人带一个女人和一个孩子的客户进入店面，立即就成了他们的重点服务对象，这样的特征再明显不过了，每个销售人员都能够抓得住。其他的没有这类特征的用户，只要是年轻的用户进入店里，他们首先也会了解其家庭构成。当了解到符合他们的用户画像后，立马转为重点服务的对象。经此一役，顾家工艺的销售额在三个月以内提升了30%以上。

这个案例说明了什么？其实，也就是快速识别的用户画像，这也是本书提到的第九个思维模型。怎么样得出自己的用户画像呢？也许在产品的初期，我们并不能得到，但我们总是能找到第一批愿意花钱购买的用户，以真实的第一批已成交的客户为蓝本，用详细的数据去分析用户的标签。当这个用户的标签越细的时候，我们抽象出的用户画像就越精准。但这些标签的分析必须是以详尽的数据为依据的，而不是仅仅只依靠自我感觉。

产品需求定位，他们有些什么需要

产品需求定位，是了解需求的过程，即满足谁的什么需要（What？）。产品定位过程是细分目标市场并进行子市场选择的过程。这里的细分目标市场是将选择后的目标市场再进行细分，选择一个或几个目标子市场的过程。顾客在购买产品时，总是为了获取某种产品的价值。产品价值组合是由产品功能组合实现的，不同的顾客对产品有着不同的价值诉求，这就要求提供与诉求点相同的产品。在这一环节，需要调研需求，这些需求的获得可以指导新产品开发或产品改进。

至于需求互联网中有很多种说法，其中最生动形象也最具代表性的要数

"痛点""爽点""痒点"。"怕上火喝王老吉"这句广告词大家都耳熟能详，当然现在改成了"怕上火喝加多宝"。我们暂且不去纠结王老吉和加多宝的品牌之争，回顾下王老吉近200亿人民币/年的单一产品的销售规模，我们发现"上火"这个痛是有多么大的影响力。滴滴解决打不到出租车的痛苦；美团单车解决了出行"最后一公里"的痛苦；货车帮解决货车长途空放的痛苦等。

而时至今日，大家如果不提痛点，好像就没法开发产品。但作为一个产品人，还必须对痛点做出延伸的考虑，就是这个痛点的范围有多大，这个痛点是否可以用产品改善。

有这么一个案例：

话说有一个全职太太，全职在家带两个孩子。她每天早上起床后，要先给两个宝宝做早饭，老大吃完后就要去幼儿园。她要推着婴儿车让老二坐在里面，再牵着老大的手把他送到幼儿园。

之后，她要赶紧回家哄老二吃饭，并陪他玩耍。然后就是看着老二一边哭一边做午饭，好不容易哄完孩子吃完午饭，趁孩子睡午觉的时候还去洗衣服、收拾家务。

还没等休息一会儿，老大又要放学了，她又得带着老二去接老大，到家后，她又要开始准备晚饭。这一幕场景，女性朋友们是不是都似曾相识，整天像在打仗一样，弄不好孩子不小心摔跤了、受伤了，还会被老公责备，"天天在家，连个孩子都带不好"。

应该说，每个全职妈妈都有自己的兴趣爱好，有自己的梦想和职位规划。但实际上，这种生活已经让她们失去了自由。对女性来说，这一幕笔者想也是足够痛，想给独生的孩子再生一个伴，可臣妾真的是不敢啊！这大概也是国家放开二孩政策后，中国的人口出生率还在不断下降的真实原因吧。

针对上文中全职妈妈的痛点，我们能不能开发一款产品去解决全职妈妈的痛呢？显然，这是整个社会的痛，这个有解吗？也许后世会有智慧的科技来解决这个痛，但目前来看无解。所以，向无私付出的全职妈妈们致敬，她们无疑是伟大的。

爽点是即时满足，人在满足时就会感到愉悦，不满足时就会难受，就开始寻求。如果在寻求的过程中能立即得到即时满足，这种感觉就是爽。

据说当年俞军在百度招聘产品经理时，招聘的题目是百度如果要做音乐该怎么做？很多人都写了洋洋洒洒的规划书给他，但其中有一个人只写了六个字："搜得到，能下载。"俞军就选了这个人，他就是后来当上百度副总的李明远。

李明远的成功同时也佐证了思维的重要性，在那么多人当中，只有他看到了问题的本质。

当年，互联网的资源非常少，人们上百度找自己想听的歌，只要能搜得到，还能下载下来，就会感到很爽。这也的确是笔者当年在百度上找歌的真实心理。当然了，这也就是在当时中国对知识版权的管理很松的大环境下才有用，现在就越来越不好使了。所以，解决问题的方法也必须与时俱进。

痒点是梁宁老师定义的，她说痒点满足的是人的虚拟自我。所谓虚拟自我，就是想象中那个理想的自己。她举了一个例子，形象地做出了解释。

这其实就是一种虚拟自我的实现。虽然听起来挺玄乎的，但想想看，这样解释不是恰到好处吗？而我们自己的奋斗的动因何尝不是要努力地活成我们自己想要成为的那个人？那个人可能是个亿万富翁，也可能是个作家，或者是个车手，等。

因此，无论"痛点""爽点""痒点"这些说法有多生动，归根结底还是需求。我们如果能够做到像小米一样为米粉提供不同需求的产品，打造出一个生态系统，当是眼下最好的商业模式。

我们在前面提到顾家工艺的案例，刚开始顾家工艺的主要就是做沙发的，这在家装市场里只是一个很小的细分市场。当有了第一客户后，顾家的产品线的拓展即为同一批客户提供不同需求的产品。由于风格的一致性，拓展的产品在原有的客户群体里自然能得到很好的接纳。

产品测试定位，提供的是否满足需要

企业产品测试定位是对企业进行产品创意或产品测试，即确定企业提供何种产品或提供的产品是否满足需求（IF），该环节主要是进行企业自身产品的设计或改进。通过使用符号或实体形式来展示产品（未开发和已开发）的特性，考察消费者对产品概念的理解、偏好、接受。这一环节测试研究需要从心理层面到行为层面来深入探究，以获得消费者对某一产品概念的整体接受情况。

内容提示：

1. 考察产品概念的可解释性与传播性；

2. 同类产品的市场开发度分析；

3. 产品属性定位与消费者需求的关联分析；

4. 对消费者的选择购买意向分析。

首先，需要进行产品概念与顾客认知、接受价的对应分析，针对某一给定产品或概念，主要考察其可解释性与可传播性。很多成功的企业家并不一定是新产品的研发者，而是新概念的定义者和推广者。

其次，同类产品的市场开发度分析，包括产品渗透水平和渗透深度、主要竞争品牌的市场表现已开发度、消费者可开发度、市场竞争空隙机会，用来衡量产品概念的可推广度与偏爱度。从可信到偏爱，这里有一个层次的加深。有时，整个行业都会面临消费者的信任危机，此时推出新品就面临产品概念的不被信任与不被认可的危机。

再次，分析实际意义上的产品价格和功能等产品属性定位与消费者需求的关联。因为产品概念的接受和理解程度再高，如果没有对产品的需求，如果产品的功能不是恰恰满足了消费者某方面的需求，或者消费者的这种需求有很多的产品给予很好的满足，这一产品概念仍然很难有好的市场前景。通过对影响产品定位和市场需求的因素关联分析，对产品的设计、开发和商业化进程做出调整。

最后，探究消费者是否可能将心理的接受与需求转化为行为上的购买与使用，即对消费者的选择购买意向进行分析，以进行企业自身产品定位的最终效果测定。针对企业自身产品定位环节，这一层面包括新产品开发研究、概念测试、产品测试、命名研究、包装测试、产品价格研究等环节。

当然，在调查消费者是否满足的过程中，我们要去预防人们的行为偏差，人们在接受调查的时候可能会选择感性的认知，而在真正的购买行为中会产生选择理性的认知。

据说松下曾经开发过一款音箱，设计师在选择颜色时，在黄色与黑色之间犹豫不决。于是，他们请了100位消费者去座谈，询问哪种颜色更合适。结果消费者绝大多数都认为黄色给人活力、明快的感觉，倾向于黄色。为了表示感谢，松下就准备了两种颜色的音箱作为礼物送给座谈人员，让他们走时自由选择一种颜色的音箱带走。

结果令人意想不到的是，所有的座谈者不约而同地选择了黑色的音箱。什么原因，后来证实这是一种行为的偏差。

人类的语言可能会说谎，但人类的行为才是人的思想的真实反应。所以，马化腾、张小龙等虽然性格略微内向，但依然是伟大的产品经理，往往能通过人在无压力的状态下产生的真实数据，去默默地判断人的最真实的底层需求，从而打造了QQ及微信这两个现象级的互联网社交产品。

秒针系统的创始人吴明辉先生描绘了一个新的商业场景，就是用人工智能去分析消费者是否真正获得了满足。他正在开发一款产品，让受测试着戴在头上，去采集人在思考时的脑电波。收集人在满足时、厌恶时、痛苦时的脑电波，用大数据的方式去找出他们的不同，最终分析出几种情况下人的脑电波的真实状态。有了这些数据，就可以用来检验产品对人的吸引力到底有多大。比如一个餐馆开发了一个菜品，就可以请一些老客户来试菜，让试菜者戴上设备后去品尝，从看到菜品到品尝过程再到吃过之后的这一段脑电波就被记录下来和大数据里预存的脑电波进行匹配，从而分析出这一整个过程中，老客户的体验到底是怎么一个状态。在分析的过程中，根据老客户既往的喜好去剔除一些干扰因素，比如做一款川菜，而试吃的顾客不能吃辣。如果测出的脑电波反映顾客对这个菜品非常满足时，这个菜品的开发就是成功的，反之则相反。

所以，我们可以看到数据的分析对于产品的开发能起到很大的促进作用，甚至是决定性作用。

差异化价值点定位，需要与提供的独特结合点如何选择

在写产品差异化的时候，笔者无意中在网上看到这么一篇标题名为《宁可花158也不要100的原因》的文章。带着好奇，笔者点开认真地读了读。现在我们将此文作为案例，看能从中得到什么结论。

不同的销售引导，影响消费者的心智，我们来看下面这个案例：

年底了，一个小伙子去买衣服。当他走到第一家的时候，看上了一款衣服，问老板多少钱，老板说238。小伙子再问，100块卖吗？老板说，"行吧，今天刚开张！"小伙子听了，心里一愣，找了个借口就马上离开了。

于是，又到第二家店。小伙看到同样的一款衣服，便问老板多少钱，老板说238，小伙子又问100块卖吗。老板立刻愁容满面地说道："100块连进货的

本都不够，小伙子啊，这样我得赔死。这么着吧，我看你是一个识货的人，这款衣服原来都是专卖店卖600多的，朋友专卖店倒闭了，才放我这里卖，我238卖，都只赚点运费，你如果真想要，就给你实在价198。看你是实在人，就不赚你钱了。"

经过一番讨价还价后，小伙最终以158拿下了衣服。那么，问题来了，为什么同样的一款衣服，小伙愿意花158而不是100呢？

两家老板卖的是同样的东西，为什么更便宜的客户却不要？其实，这就是老板懂不懂抓住人性心理的体现，越容易得到的东西，人们往往越不珍惜，越得不到的东西，人们往往越渴望拥有。

第二家店铺的老板就是通过对自己的产品塑造价值，再经过一番讨价还价，让客户觉得通过自己的努力终于把价格砍下来了，让客户感觉占到了便宜，并且有一种成就感。同时，因为来之不易，不买都对不起自己了。想想看，你是不是有过这样的经历呢？

你会不会觉得，这个老板真厉害？这确实是一个经典的应用消费心理的案例。

但是，这个案例通常会发生吗？对于没有任何差异的同一款产品，我们真的可能在得知前面的商家最终报价100元没有买的情况下，会在后面的商家手里以158元买走吗？

笔者的结论是除非这个消费者是个傻子，否则是不可能，对于同样一款产品，就应该有同样的价值。如果这个消费者真的喜欢，在后面没有更低价的情况下，应该做的就是返回前面的商家处购买。所以，这明显就是一个为了强调如何应用消费心理而编造的故事。我们在任何销售场景中都不要忘了"锚定律"这个词。

借用这个反面的案例，笔者在表达什么？如果实现不了产品的差异化，企业要想在一片红海中生存下来，可考虑的维度恐怕就只剩下价格了。这也就是传统的电子元器件进口贸易中的同型号产品的价格战的根本原因。

销售者之所以购买产品，主要是基于需求出发的认知价值的溢价。

换句话说，就是客户心中对于产品的认知价值高于产品的实际销售价值。

差异化价值点定位即需要解决目标需要、企业提供产品以及竞争各方的特点的结合问题。同时，要考虑提炼的这些独特点如何与其他营销属性综合（Which）。在上述研究的基础上，结合基于消费者的竞争研究，进行营销属性的定位，一般的产品独特销售价值定位方法（USP[①]）包括从产品独特价值特色定位、从产品解决问题特色定位、从产品使用场合时机定位、从消费者类型定位、从竞争品牌对比定位、从产品类别的游离定位、综合定位等。在此基础上，需要进行相应的差异化品牌形象定位与推广。

矿泉水是我们日常生活中消费频率很高的一个商品，市面上的 500mL 的价格从冰露的 1 元、农夫山泉简装 1.5 元、景田 2 元、农夫山泉精装 3 元、恒大冰泉 5 元、有些外国的品牌的 10 元。从本质上来看，水分子就是 H_2O，所有的水是没有区别的。要想以不同的价格让消费者接受，差异化就成了必需于是"矿物质""有点甜""火山岩"等差异点就出来了。这里不是说这些品牌都做得很好，比如恒大冰泉水，就被动地走入降价的恶性循环。

基于上述的分析，对于一个处于红海的产品，我们最起码要做到差异化，最好创新到足以改变大家对此类产品的认知。

营销组合定位，这些需要如何有效实现

营销组合定位即如何满足需要（How？），它是进行营销组合定位的过程。在确定满足目标顾客的需求与企业提供的产品之后，需要设计一个营销组合方案并实施这个方案，使定位到位。这不仅仅是品牌推广的过程，也是产品

---

① Unique Selling Proposition 的缩写，价值独特的销售主张它是一种物理型定位，想要做 USP 定位，产品必须具有特点和特殊的商品效用。

价格、渠道策略和沟通策略有机组合的过程。正如菲利普·科特勒曾经所言，解决定位问题，能帮助企业解决营销组合问题。营销组合——产品、价格、渠道、促销——是定位战略战术运用的结果。在有的情况下，到位过程也是一个再定位的过程。因为在产品差异化很难实现时，必须通过营销差异化来定位。今天，你推出任何一种新产品畅销不过一个月，就马上会有模仿品出现在市场上，而营销差异化要比产品模仿难得多。因此，仅有产品定位已经远远不够，企业必须从产品定位扩展至整个营销的定位。具体的我们将在营销的章节详细地描述。

产品的销售渠道

以产品去匹配渠道

乍一看，产品的研发跟渠道似乎扯不上太大的关系。有些朋友可以武断地认为："只要能设计出满足用户需要的产品，还愁找不到渠道吗？"然而，事实并非如此，渠道不仅不会主动与产品相匹配，而且恰恰相反，公司在研发产品时，需要主动将其与已有渠道进行匹配。因为一家公司是没有办法去定义各个渠道的规则的，只有渠道本身才能够定义这当中的规则。

我们以互联网类的企业为例。Apple Store（苹果商店）将不满足它的收费规则和更新规则的 App 大规模下架的事情，中国大陆，除了微信和支付宝等少有的几个顶级流量外，很多 App 都选择了妥协，最后修改 App 以适应苹果的条款。中国互联网行业类的那句"腾讯之下，寸草不生"，可不仅仅是说说而已。虽然腾讯因"3Q 大战"①改变了生态模式，但我们还是不能忽视微信封杀头条系的推广链接等事件。Facebook（脸书）呈现什么样的社交内容和用户评论、显示什么样的广告、采取什么样的广告收费标准，最终只能由公司自己来决定。谁有权利使用它的应用程序编程接口，也只能由公司自己来决定。再比如说，Goolge（谷歌）在搜索结果的前十条中显示哪些内容、以何种方式来显示这些内容，也只能由公司自己来决定。在搜索页面中呈现哪些广告、制定什

---

① 指2010年开始，腾讯公司和奇虎360之间的著名竞争事件。

么样的收费政策，也只能由公司自己来决定。又比如说，对于 Gmail（谷歌邮件）这类邮件服务商来说，哪些归为垃圾邮件、哪些归为广告邮件，邮件中支持哪些内容形式，也都只能由它们自己决定。可以举的例子还有很多，反正分销渠道大致都是这么个情况。作为一家公司，你能够控制的，只有你的产品，而不能控制渠道。所以说，你需要在最大限度上对自己的产品进行调整，以便符合相应的渠道规则。也就是说，尽力做好自己能够控制的事情，来适应那些无法控制的事情。

那么，各家公司所研发的产品普遍具备什么样的特征，才能够符合相应分销渠道的要求呢？下面，笔者从三个角度进行一个简单介绍。

1. 病毒营销。针对这一点，产品必须能够：快速实现自身价值，营销周期越短越好；广泛定义产品价值，最好能够为绝大多数用户带来价值；充分利用网络完善产品，在理想状态下，网络融合程度越高，产品价值就越高。

2. 付费营销。在这方面，也要做到三点：①快速实现自身价值，毕竟用户没有多少耐心来发现价值；②采用多种媒介来传递产品价值，由于广告渠道限制较多，产品价值定位一定要广泛；③通过最为合适的交易模式来提炼交易价值，为付费营销提供资金支持。

3. 用户原创内容搜索引擎优化。首先，产品必须能够让用户掌握创作内容的主动权。其次，他们的产品应该要能将这些内容贡献出来。

分销的幂次法则

秒针系统[①]创始人及 CEO 吴明辉，在谈到企业营销广告渠道时提到对各种广告渠道进行快速测试以找到合适的广告测试。在分销渠道这个层面来讲，理

[①] 秒针系统（Miaozhen Systems）成立于2006年，是基于数据和人工智能提供企业营销增长服务的第三方技术公司。秒针系统为超过1000家全球知名品牌以及中国本土领导品牌提供企业营销增长服务。

论上，广告渠道也是分销渠道的一种延伸。但在现实中，有不少公司都找不到有效的分销渠道。如果说，你能够顺利找到适合自己的分销渠道，那公司就非常有可能取得成功。但如果说，你尝试了好多个渠道，最终都没有确定下来，那基本上就很难取得成功了。总而言之，分销渠道同样符合幂律分布。换句话说，在某一个特定的时间点，一家已经找到了产品渠道匹配的公司，将会有70%的业绩增长都来自同一个渠道。

全球最大旅游社区猫途鹰Tripadvisor、美国大众点评Yelp，以及图片分享社交网站Pinterest等公司，有70%的业绩增长都是通过用户原创内容搜索引擎优化实现的。

即时消息应用WhatsApp、印象笔记Evernote，以及团队协作平台Slack等公司，有70%的业绩增长都是通过与病毒营销相关的形式实现的。

最后，腾讯旗下游戏公司Supercell、自助建站工具Squarespace和在线食材订购平台Blue Apron等公司，有70%的业绩增长都是通过与付费营销相关的形式实现的。

只有产品属性符合特定分销渠道的要求时，产品和渠道才能够相匹配。那么，在顺利找到产品渠道匹配之后，公司应该采取什么措施呢？

1. 千万不要眉毛胡子一把抓，同时对多种渠道进行测试。与之相反，你最好根据分销渠道的幂次法则，确定好先后顺序，一次对一两种渠道进行测试就行。

2. 从长期发展角度来看，你不能只是为了实现公司业务的多样化而刻意去寻求各种各样的分销渠道。你需要找到其他备用渠道，防止原先的产品渠道匹配出现问题，这样才能够轻松地转换到其他渠道。

3. 千万不要让负责用户获取和产品这两块的团队成员分开工作，这样才能够打造一支多功能团队。

想必大家都听说过这样一句话，那就是一个人的优点，其实也是他最大的缺点。在产品渠道匹配这个问题上，也是同样的道理。它能够带领一家公司走向成功，也能够使得一家公司走进地狱。

为什么呢？因为产品渠道匹配是处于不断变化当中的，当新渠道出现或旧渠道消失时，原先找到的产品渠道匹配就很有可能失效。不管在哪个系统当中，出现新渠道都是一件再正常不过的事情。新渠道出现之后，那些选择旧渠道的公司就会纷纷将自己的产品转移到新渠道当中。那么，原先的产品渠道匹配就不再存在。当然了，并不是所有的公司都能够顺利将自己的产品带到新渠道中去，这也就给一些新兴公司提供了机会，在新渠道中找到自己的位置。

早在 21 世纪初期，桌面门户网站就是最为主要的互联网分销渠道。Goolge、百度等搜索引擎是主要的流量分发入口。接着在 2007 年之后，Facebook 逐渐进入全球视野，2010 微信进入中国市场，社交网络又成了全新的分销渠道。2011 年下半年，图片分享社交网站 Pinterest 顺利找到产品渠道匹配，通过 Facebook 的应用程序编程接口进行病毒式分享，从而公司业务开始腾飞。可怎料，到 2012 年的年末，Facebook 开始限制外界对自家应用程序编程接口的应用。因此，Pinterest 最为主要的分销渠道一下子消失了，导致业务增长速度放缓。不仅如此，除了 Pinterest，还有许多其他公司也因为 Facebook 限制外界对自家应用程序编程接口的应用，业务增长受到负面影响。不过，幸运的是，Pinterest 后来顺利找到了全新分销渠道，成功渡过了危机。自此之后，它的业务就一直保持着较快速度的增长。

现在看来，当时除了转移分销渠道，Pinterest 还将自家产品的重心由偏向社交变成偏向个性化。总之，说到底就是一句话，先考虑渠道再考虑产品，一定要让产品主动与渠道相匹配，而不是渠道与产品相匹配。

有的读者可能会说，互联网企业受到平台型企业的垄断，必须考虑渠道，那传统行业是不是也是同样的情况呢？

快克药业是中国感冒药行业的知名品牌之一，2010 年姜文导演并主演《让子弹飞》这部电影，在其红极一时的时候，快克邀请姜文为快克代言，并投入巨资在央视做广告。与此同时，布局了近 300 名业务员在全国市场对接省一级代理、地区二级代理以及各大药店，快速调整市场的资源、维护市场价格。当时在业界的影响可谓到达了顶点。

然而好景不长，用了不到两年的时间，销售额从顶峰时的 7 亿下降到不到 2 亿，最为恐怖的是渠道里的货物积压达到了惊人的 3 个亿。该投入的钱没少投，人员没少投，"大快克""小快克"的感冒药品质都很好，但销量极度萎缩。究其原因在哪里？公司高层一筹莫展，最后不得不请咨询公司介入。

咨询公司经过详细调研，了解到国家的药品管控规划、价格及竞品的价格，在当时药品只能通过终端（医院、诊所、药店）来销售。其中，医院、诊所在病患面前比较有话语权，采购的感冒药多以 4 到 5 元一盒 10 粒的便宜的合约药为主，因此不愁销路。而快克的感冒药一盒 10 粒的市场零售价指导价在 11 元左右，其他知名品牌的感冒药大多也在 1 元一粒左右。

快克的销售模式，通过优惠的形式，鼓励省一级代理大量进货，并给予一定的账期，或接受承兑汇票，快克给一级代理的价格为 8.5 元每盒。地区二级代理从省一级代理处进货，价格为 9 元每盒，药店从地区二级代理处进货，价格为 9.5 元每盒。由于药品的管控特性，每一级都必须有相应的票据确保进货的真实性。

咨询公司去药店调研的时候，刚开始药店的反馈是不太好卖，这几乎和业务员反馈的一致。难道说是知名度不够？这么好的品质，难道姜文的代言和央视的高空广告没有起到提高知名度的作用？带着怀疑的态度，顾问调研了消费者，发现快克的知名度还是很不错的，很多人也反映看到过姜文代言的广告。

问题出在哪里？于是，顾问开始以消费者的身份进入药店，谎称要买感冒药，于是药店的营业员给了顾问一盒药，顾问一看，听都没听过价格要 8 元钱。顾问就说："没有听过，不要这个，有没有快克感冒药？"营业员说："没有了，刚卖完了。"顾问就说："那算了吧，我去别处看看。"这时，营业员从柜子底下的一个角落拿出一盒说："哦，这里还有一盒，9.5元。"

这种情况不由得让敏感的顾问立马抓到了蛛丝马迹。这到底是个奥，还是有共性？于是，顾问团队又以同样的方式走访了近百家药店，结果要么是以上的情形，要么是把药摆在一个很不明显的角落，但毫无例外的是营业员拿给顾问的都是没有听过名字的药，而药店都有快克的感冒药，最后的价格都没有达到厂家建议的11元，甚至最低的达到8.8元。

为什么呢？带着这个疑问，顾问去问快克的营销团队是否了解以上情况，营销团队表示并不知情，说每次去药店检查的时候，看到药是摆放在正常的位置，排面也还可以。于是，他们的营销团队组织了跨区域的类似于顾问的走访，发现结论和顾问团队的基本一致，他们颇为吃惊。但是，他们毕竟是在这一行业长期经营的，很了解那些不知名的感冒药的进货价格，一般都在3到4元每盒。于是，顾问得出了结论，营业员推荐给顾问的药的毛利几乎可以达到50%，而快克所谓的品牌药的毛利不足5%，甚至最低的都是负的。而药店是以赚钱为目的，营业员当然要去主推杂牌的高毛利的药，才符合药店的利益，也同时符合营业员自身的利益。

为什么都会有快克的品牌药呢，并且价格很低呢？最后，顾问得知药店是为了用品牌的药去吸引人气，打价格战。在零售行业，这似乎就是一个惯用的手段。大众消费频率高的商品，包括饮用水、盐等所有商店都有卖，并且可以轻松进行比价的产品，在家乐福等大的超市，一律是以不赚钱的最低价出售，因此给消费者家乐福超市的东西便宜的印象，而消费者一旦认定可比价的东西便宜，他们就会认为家乐福超市其他的东西也会便宜，至少是合理的价位。事实上，那些独家销售的，没有价格对比性的商品就是利润的来源，最高可能60%以上的毛利。这就是"锚定律"在商业领域的应用。

药品是比较特殊的商品，专业性比较强，一般的人总是会愿意相信营业员的推荐，认为他们比自己了解得更多也会更专业，所以往往会购买营业员推荐的药品。细想一下，在其他领域何尝不是内行的人赚外行人的钱呢？所以，如何让营业员推荐快克的药品，就成了顾问团队要解决的实际问题。

快克公司的财务标准是药品发给了省一级代理即视为售出，即统计为业绩。通过药店的情况，我们再来看快克前两年的繁荣不过是昙花一现罢了。药品没有销售给终端用户，积压在渠道里面，试问哪个渠道肯在没有消化库存的情况下肯往手里压货呢？如果营业员不推荐，进行终端的拦截，那些所谓的通过高空广告提高知名度的方式，又能对业绩有多大的帮助呢？如果找不到问题发生的本质并去解决它，所有的表面工作都是没有用的。所以，快克面临的问题就是顾问团队要解决的问题。

如何让营业员、老板愿意推？我们利用思维中的冲突图（图 3-1）来看一下。

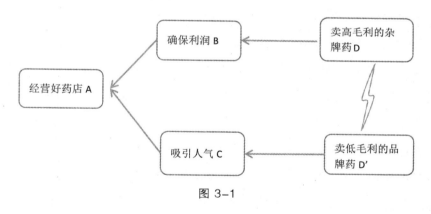

图 3-1

为了达到经营好药店这个共同目标，必须确保利润，为了满足确保利润的要求，必须采取卖高毛利的杂牌药的行动；再读下面，为了达到药店这个共同目标，必须吸引人气；为了满足吸引人气的要求，必须采取卖低毛利的品牌药的行动，而卖高毛利的价杂牌药和卖低毛利的品牌药是冲突的。

我们来质疑下，确保利润一定要卖高毛利的"杂牌药"吗？现在的情况也许一定要，但总是一定吗？显然不是，如果既是品牌药，又能有高的毛利，是不是就解决了问题呢？我们再往下推，可不可以强制把价格维护好，让品牌药有高毛利呢？事实上，大多数品牌药企的确就是这么做的，快克也是如此，但为什么没有作用呢？竞争越来越激烈，以前一条街上有两个药店，现在有了七八家甚至更多的药店。所以，从本质上来讲，药店也是被经营环境所逼，不得不拿一些大家都有的知名品牌去竞争，而感冒药又是需求比较大的品类，所以用品牌的感冒药去打价格战就是再合适不过了。而维护价格是治标不治本的办法，业务员前脚去维护，后脚就被改成原样了。你想想看，前天顾客来买药，卖 9.5 元，今天去维护成 11 元，如果药店不改回 9.5 元，后天顾客再来，卖 11 元，让顾客做何感想，很可能顾客就会流失。这是药店不能承受之重。所以，药店一定会改回去。由此看来，靠维护价格并不能造成品牌高毛利的态势。

看看顾问是怎么解决的：

1. 降低竞争，每条街只和一家药店签约成合作门店，重新打造统一的品牌合作店形象，并约束二级经销商只能给合作的门店供货。

2. 如果仅仅是这样还不够，因为渠道的存量还是需要消化，药店里也还有库存，仍然可以拿来打价格战。于是，推出新的包装，将原来的 10 粒包装升级为 16 粒，升级的新品只供合作门店。

3.16 粒的供货价在原来的基础上加 1 元，药店定价为 13.8 元，这样一来，大包装的平均到每粒上的价格比之前药店打价格战的价格更低，于是有朋友可能会立马感觉到那更多的成本不是转移到快克了吗？其实不然，药品的成本很大一部分在包装上面，加 6 粒药的成本也就增加了 1 元的成本而已，快克其实也并没有吃亏。

4. 与此同时，基于合作店的方式，又提出了其他的新品，快克灵、快克露等其他的常见的品种，为同一批客户提供不同的产品。这些产品同样只向合作门店供货。保证每个品类药店的销售都有 30% 以上的毛利。非合作店没有这种包装的货，于是药店不再用这些打价格战。营业员更容易推给顾客，能更好让顾客满意。后来，快克做了全国总动员，在咨询公司顾问的全方位支持下，用会议营销的方式，主推上面的政策，并快速地在全国找了几千家合作店。最终形成了药店愿意推、营业员愿意推、销量稳步提升，渠道愿意压货、快克收益更高的多赢局面，从而一举扭转了形势。

　　快克这个活生生的案例给了我们很深刻的认识，即便是传统的行业，也必须思考：产品从什么渠道出？渠道有什么特点？受什么政策的影响？特别是生命周期较短的产品还要关注渠道交货、补货的周期是多长？自己的产品怎么去匹配渠道？选择不同的渠道，即代表不同的玩法。当然，目前比较流行的方式就是"互联网+"的形式，不断地压缩渠道，使之有很高的效率。

价格与价值

客户是按自己的认知来决定价值

说到产品的价格，我相信大多数的会计人员都能从成本的角度去分析出产品的直接成本。简单粗暴的方式就是在成本的基础上加个 30%，就把产品的价格定出来了。看似真的很合理是吧，你看通过数据计算出来的，不是很合理吗？但是，真的可以这么计算吗？很遗憾的是远远没有想象这么简单。

笔者曾经做过一个测试，在一次培训的过程，笔者问培训的学员：大家认为我手中的激光笔多少钱可以买到？有人说 50 元，有人说 100 元，有人说 200 元。实际上，笔者是用了 98 元购买的那支激光笔。那我们按下图 3-2 的价值模型来分析一下：

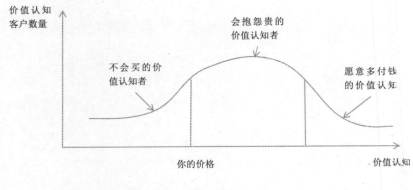

图 3-2

横轴是客户对产品的价值认知，纵轴是对应的那个价值认知的客户数量，那么这个正态分布曲线就是反映了对产品的价值拥有不同认知的客户的人数变化。那些对价值认知远低于商品的售价的顾客，即为不会买的价值认知者；那些对价值认知和商品的售价差不太多的顾客，即为会抱怨贵的价值认知者；而那些价值认知远高于商品的售价的顾客，即为愿意多付钱的价值认知者。

用笔者测试的数据来解释就是：那些认为我那支激光笔只值 50 元的学员购买我那款激光笔的可能性就很小（通常我们说不会买）；认为我那支激光笔值 100 元的学员，就有较大的可能去买（通常我们说愿意买）；而认为我那支激光笔值 200 元的学员，会有极大的可能会买（通常我们说愿意花高价买）。

这里我们可以得出结论，消费者是按照自己对产品的认知价值去采购的。这个认知价值对于大多数人来讲是缺乏理性分析的，他们根据自己能获得多少好处来决定产品的价值，不会去考虑自己认知的价值是否低于制造出这个产品的所需要的成本。我们前文中提到 BP 机，即便是现在，如果你要去生产一个 BP 机，笔者相信一定也会需要几十上百元的成本，但这个 BP 机在消费者那里就一文不值。

一次，笔者和一个老友聊天，谈到模具。由于笔者是模具制造行业的门外汉，他就跟笔者讲解了一番。

他举了一个例子，同样一瓶 500mL 的饮用水，怡宝卖 1.5 元，农夫山泉卖 1.5 元，昆仑山卖 5 元，依云卖 15 元。他说，我一看瓶子就知道昆仑山值不值这个钱了。你看怡宝的瓶子中间的那条模具压合线就很明显，昆仑山和依云就几乎看不到那条线，那是因为他们的模具制造的精度比怡宝的要高得多，当然价格就差得更远了，可能一套要数百万元，而一套模具的寿命也是数百万次。所以，你看一个瓶子的模具费用就要一块多钱，所以昆仑山的水就值这个价。

当然，老友说值这个价主要是咱们在谈论模具，从模具的角度来讲是成立的。但从消费者对水的需求的角度来谈价值的话，他们只是需要能解渴的水，而不是那个看似光滑的瓶子。并且不是所有的人都愿意为那个模具费用买单，或者他们会简单粗暴地认为不值这个价，这点从销量上也反映出来了。

正确的产品定价观念

那我们如何对产品定价呢，既要考虑产品的生产成本，也要考虑市场已有竞品让消费者已经建立的价值认知水平。在此基础之上得出一个价格。但这个价格是否合理，可以通过试销的方式来测试。在一个城市的几个不同的市场以不同的价格进行销售，统计出不同的价格的销量进行分析，建立试销的数据库，把自己测试的数据录入及正式选定的价格一一对应，然后推出市场。如果我们通过这种方法确定的价格，在市场中推出达到预期的市场占有率，那么这个模型就可以作为以后定价的一种工具。即便是无法保证百分之百准确，也比大家脑袋一拍定个价格要来得靠谱。

2C 的产品可以用这种方式，那么 2B 的产品还要考虑啥因素呢？比方说，客户过来公司谈个订单，之前这类的订单咱们有一个价格，假定这个价格也是按照成本会计的方式将原材料、人工、厂房租金、水电等相关的费用公摊到每个产品上，得出一个成本，然后加一个 10% 左右的利润得出的。假定得出的每个成本是 90 元，售价是每个 100 元。

现在由于受到中美贸易战的影响，导致整体市场行情不佳，工厂的订单不饱和，客户只给每个 90 元。那这个时候，我们该怎么办呢？考虑价格的因素就要有所变化，可以把前面的成本按变动成本和固定成本重新划分。变动成本就是随着产品数量的增多，成本不断增多的成本。固定成本就是跟产量无关的成本，比如厂房的租金、非计件制下的固定工资等。哪怕工厂一件产品都不生产，厂房的租金还是要付，固定的工资还是要发。在这样的情况下，我们可以暂时就不将固定成本算作成本，计算下来每个的成本就会低于 90 元。也就是这个订单无论如何不会亏本。

有朋友可能会讲，不赚钱为啥要做呢？但是，我们要考虑的还有供应商关系需要不断合作来维持，不然等采购量下来，原材料的价格就要上涨了。员工需要那个计件制的工资来养家，如果员工流失了，一旦市场行情好转，有大量订单，无人生产就得不偿失了。

至于亏本销售的问题，它永远只是我们价格工具箱的一个策略而已。比如滴滴、快滴的补贴大战，共享单车的免费等都是有目的地获取用户数量的一种手段。但即便如此，也不是盲目地去"亏本"，而是用数据去分析如何亏、亏多少。

在笔者之前十年的贸易生涯中，笔者都会要求销售对不太熟悉的客户的BOM[①]单的每一项用不同的毛利率（阶梯价）去测试客户的接受度，以及价格敏感性，从不加任何利润到 5 个点、8 个点、10 个点等。通过客户的价格反馈，假如客户对我们 10 个点以内的报价是能下单给我们的，我们就能知道，以我们渠道的价格水平，我们加多少点去报价是最合适的，既可以提高成交率又可以节省了时间。同时，避免了报价过高而给客户的初步印象不好、报价过低而损失利润的情况。

---

① Bill of Material 的缩写，即物料清单，也就是以数据格式来描述产品结构的文件。

本章小结

    本章主要讲产品的颠覆式创新、产品的定位、产品的渠道匹配以及产品的价格和价值。这些都是产品开发过程中的基本思维，产品的感知层、产品的角色层、产品的资源结构层、产品的用户体验、产品的上瘾机制（及时反馈）等还需要读者自己去归纳总结。关键词：递弱代偿、及时反馈、用户画像、痛点、爽点、痒点、生态、锚定律、顶级流量、生命周期。

    读者可以思考一下：产品的世界观，对社会的好处，满足人类什么底层的需求，滴滴顺风车的核心、货车帮的核心竞争力。

第四章

如虎添翼的企业营销

形象化的营销与销售定义

有了好的产品和服务，我们就有了营销的起点。通常拥有一定规模的企业都会有市场部和销售部，但通过笔者做企业顾问时期的那些调研，笔者发现大多数企业中这两个部门其实并没有明确的职责划分，市场部大多没有起到太大的作用，在公司中的地位也远不及销售部。

"撒谷引鸟" 叫营销

那何为营销、何为销售，它们之间的关系是什么？鲁迅先生的《从百草园到三味书屋》里写捕鸟的那段是这样描述的：

扫开一块雪，露出地面，用一枝短棒支起一面大的竹筛来，下面撒些秕谷，棒上系一条长绳，人远远地牵着，看鸟雀下来啄食，走到竹筛底下的时候，将绳子一拉，便罩住了（图4-1）。

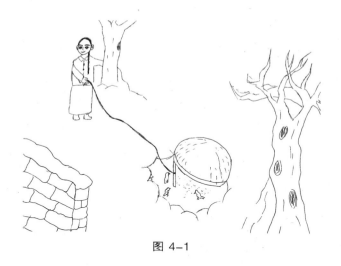

图 4-1

也许，北方的农村孩子在大雪纷飞的冬天，大概都有这样童年的记忆。

如果要把这段跟营销联系起来，可以这么理解：撒些秕谷吸引鸟过来的过程可以类比成"营销"，其本质在于用好处吸引鸟来到我们预设的场所。小童一拉绳子把鸟抓住可以类比为"销售"，本质在于小童的技术要过硬，不然鸟就飞走了。竹筛、短棒、长绳可以类比为"销售的工具和方法"，没有这些工具和方法，是根本抓不住鸟的。

形象地描述一下：好的营销、销售和服务就是为销售准备好大量的脚上粘着胶水的鸟，并让鸟很享受我们的服务，以至于急着把自己的同伴也叫过来。

本章将从如何吸引客户来（好的政策）、如何让客户成单（严谨的销售流程）、如何让客户转介绍（好的客户关系策略）等几个方面来探讨。

销售卖的是"信任"

在探讨之前，问大家一个问题，商家到底销售的是什么？

在一个电脑城里，笔者碰上很多在档口招徕客人的业务员，男女都有且为数众多，甚至把过道都占了不少。

他们都使用着同样的话语，对着每一个经过的客人喊："先生，想买什么？要不要进来看看，有优惠！"

笔者就像其他走过的客人一样，无动于衷地默默走开。这一幕在很多地方似乎都是习以为常的。

而就在一个拐角的地方，有一个外貌普通的小伙子，说了一句普通的话，就把我吸引住了："这是电脑城的店面分布图，我自己画的，你想找什么，看看就知道了。"

笔者当时很意外，不由自主地接过了他递过来的那张 A4 复印纸，上面根据主通道的布局，沿线标注着多家店面的名称、主要产品，甚至一些如联想、三星之类的品牌店还画了星号的提示符。大家如果有在深圳华强北的那些个卖电子料的柜台，费好大劲找不到的痛苦经历（那些柜台的序号经常找着找着就断了，没有严格地按顺序排），就知道有这样一张地图是多么有用了。

笔者非常感激他："谢谢你，我想买块移动硬盘，应该去哪家好呢？"我不由自主地把他当作了"顾问"，问起了具体的商品情况。

他并没有直接回答，反而问笔者："你想买多大的？有品牌的要求吗？"

经过一番了解，我就被他直接带到了一家店面门口，然后走进去，不久就成交了。

就在笔者离开之前，我突然想到一个问题，就向这位热心的小伙子问道："不好意思，你是这家的业务员吗？"

他笑了笑："我是刚来的，请不要见笑。"

同样是业务员，为什么前面的业务员也很主动，也很热情，而笔者这样的客户却"无动于衷"，而后面的这个小伙子到底是靠什么力量把笔者吸引住，并顺利成交呢？

笔者问过很多销售："销售的过程中，最难的是什么？"

大多数人的问题是："成交最难！"

笔者接着又问：“向陌生人卖东西，跟向熟人卖东西，哪个简单？”

“当然是向熟人卖东西简单。”

“为什么？”

“因为熟人相信你呀！”

这个时候，大家都应该明白了，“成交”之难不在于本身，而在于“成交”背后的信任。只要别人相信你，那个成交就不难。所以说，与其说“成交”难，不如说“建立信任”难。所以，销售的本质是解决信任问题。销售工程师，其实更应该叫“客户信任开发工程师”。所以，好的销售不是在卖商品，而在卖信任。

就像送地图的小伙子，跟其他站在通道里的业务员一样，都是某家商店的业务员，为什么他能吸引笔者呢？其他的业务员在说“进来看看”，潜台词就是：“进来买吧，我有东西要卖给你！”而送地图的潜台词是：“我只是想给你提供帮助！”对于小伙子提供地图的举动，任何人都会不由自主地感激，让笔者产生了情感上的认同和信任，进而愿意跟他聊天，最后成交都会很顺利。所以，笔者认为与其说小伙子在“推销商品”，不如说他在“推销好感”，把精力从“卖商品”改到了“卖信任”上来！

为什么笔者要在讲营销之前聊到信任这个话题？因为在现在这个物欲横流人心浮躁的金钱社会，信任问题越发变得至关重要。品牌价值作为大公司信誉的载体，被越来越多的企业奉为圭臬。如果我们的营销的政策不能兑现，失去信誉的话，再好的营销方案都将成为无根之木。

最好的财富载体

老赵终于找到了生意经

笔者有一个朋友，大家都称他为老赵。

他是县城的一个医生，为了增加收入，花了十几万买了辆客车，在北方的家乡小城里跑客运赚钱，请一个司机开车，安排家里人收钱。

跑了一年后，扣除各种开销，坐下来一算，一个月才赚3000多，还不如他在医院的收入多，十几万的车跑个5年下来也差不多就报废了。也挣不了几个钱。后来，他遇到了笔者，把自己的苦恼跟笔者讲起来，说："小孩子刚出生不久，家里开支太大了，还要还房贷、车贷，日子过得很紧。"

"的确，你投资这么多，每个月赚这么点太不划算。其实，你还可以换一种方式挣钱，而且没有风险。"

"有这种好事？"老赵表示怀疑。笔者就问："在你的日常生活中，有没有什么具体的事情，你感觉比较麻烦？而且还和你的医生的工作有联系的。"

他想了想："现在最麻烦的是孩子每个月吃奶粉、换尿不湿，开销大，而且有时候比较晚了还没地方买。"

后来了解到北方到了冬天，外面天气冷，商店关门比较早。而带小子的父母有可能在早上急需购买婴儿用品，此时的确会不方便。

"那你有这样的问题，可能也是别人遇到的问题，城里有多少像你一样的带小孩子的家庭？没有统计过，应该也有好几万吧，你能搞到这些婴儿家长的联系方式吗？"

老赵想了想说："我有个朋友在卫生防疫站，所有的孩子都会打预防针，估计能搞到联系方式。"

"那就好，你身边躺着一个大金矿，就睡在你身边。

你可以轻松获得这些家长的联系电话，而且你自己就是一个家长，你最了解他们的需求。你可以直接跟一些销售奶粉等婴儿用品的公司合作，跟他们说，不需要公司花工资，你去帮他们卖产品，每卖出一件，给点佣金就可以。

然后，你跟这些家长打电话，跟他们说，你提供夜间送货服务，产品就是他们平时购买的品牌，当急需要时就给你打电话，你30分钟之内保证送到，每次只收5元加急运费就好。30分钟送不到，不收运费。

这样的话，一来，你不需要任何额外开销，利用现有的家长联系方式，利用现有的商店资源；二来，这是一个可持续发展的生意，一旦你跟这些家长建立联系，这些家长通过你的服务对你产生依赖感，那么他们就会持续地向你购买其他相关的产品，而且靠着先入为主的优势，竞争对手很难与你竞争。要知道信任是排他的，也就是说当你形成了对Nike（耐克）的深度信任之后，就很难再把同样的信任投射到Adidas（阿迪达斯）上。

你只要依靠这些客户，就可以跟多个商家合作，通过电话送货时带着传单，就可以促销多种商品，完全不需要存货，不需要投资，就可以拿到商家的佣金和客户的加急费用，一旦成规模，商家都愿意与你合作。"

老赵听明白了："这太妙了，我只要跟家长搞好关系，让他们信任我就好了，请个人每天打打电话，送货上门，就可以直接卖别人的货，赚钱，婴儿用品都非常暴利，即使我不收送货费，靠佣金都能赚不少了，几万家长的大量的重复采购，可是一个大的生意。"

上面这个案例，让我们看到，基于一个有真实需求的客户群，我们只要把关系做好，把信任关系建立起来，你需要钱的时候就可促销一波，源源不断。

信任你的客户是最好的财富"载体"

如果你有好的获取客户的方式，那么你需要一套 CRM 系统（客户管理系统）对客户做好管理，哪怕它的价值不菲，也是值得的。

我们最常见的财富载体是"银行存款"。很多人所设想的"财务自由"的状态就是"仅靠银行存款的利息，就可以满足日常的生活"。

比如，你有 1000 万元银行的存款，按照 1.7% 的 7 日年化收益率（2020年 8 月份数据）计算，你每年可以收获 17 万元的利息。如果 17 万元可以满足你的日常生活开销，你就算是"财务自由"了。

这是大多数人的理解。事实上，大多数人实现不了这个"理想"。根据 2019 年底的数据，中国的千万富翁有 400 万人，听起来有不少，但是相比于中国 14 亿人口的规模来说，其实仅仅占到 0.3%！况且 17 万元的利息怕是根本就不够用。

人们都明白，绝大多数的老百姓无法靠银行存款实现财务自由。

另外，股市、楼市也可以作为"财富的载体"。只不过，一来风险很高，二来也同样需要原始资本的积累，况且你不能靠一个房子坐吃山空。

另外，创办企业也是九死一生。那么，还有什么可以作为财富的载体呢？

美国的互联网创富大师弗兰克·科恩说："我有 4300 个客户，每当我想赚点零花钱的时候，就向他们促销一次，然后几天之内几百万美元就到手了。"

假如你有 1000 万元，存在银行里，每当你有开销时就去取一点。同理，科恩有 4300 个客户，每当他有开销时，就去"客户那里卖点东西"。

总体来讲，银行里的那点利息根本弥补不了 CPI（消费者物价指数）上涨所带来的购买力的损失。只要客户信任你，他就会向你持续购买，而且越买越贵，为你贡献的价值就越多，这也就是我们为什么要拼命地花大价钱去做前端的客户开发，因为客户的"后端价值"实在是一个大大的金矿。在此，笔者姑且将这一方式称为"黄金前端"（本书第十个思维模型）。

现在来回答，什么是好的财富的载体？精准的可以信任你的客户名单就是你的存款，客户数据库就是你的金库。需求会变，信任不会变；功能会变，但人情不会变。

客户数据库的建立

在前文中，老赵定义了自己的目标客户——孩子的家长，并且可以通过朋友的关系轻松地收集到家长的联系方式。虽然看起来有些"违规"，但在中国大多数的县城，这不失为一个有效的方式。但这种方式不是本文探讨的重点。

那么，我们如何打造自己的客户数据库呢？

有的朋友可能会想到广告、百度推广、短视频链接广告。的确，为什么知名商家愿意为品牌形象大规模地宣传造势，甚至是进行铺天盖地的广告轰炸？那是因为信任度，来源于认知度！在赢得信任之前，要"广而告之"。当顾客面对两难的选择时，"更熟悉的"品牌往往会"不战而胜"。

如果说你有 100 万元，你想进行稳妥的理财，你极有可能会选择支付宝的余额宝或是腾讯的财富通，因为我们知道这两家企业规模如此之大，不可能不负责任地跑路或倒闭，而市面上的 P2P（个人对个人）理财就出现了无数次的爆雷。

当然，知名度只是一个信任的基础，高空广告也不会都转化为财富，笔者前文中快克的案例已经证实了这一点。更不要提秦池古酒、霸王洗发水等央视广告的常客为什么会渐渐销声匿迹了。

鱼塘合并

那么，如何在不依赖广告的情况下建立自己的客户数据库呢？我们一起来看下面两个案例。

笔者有一个姓林的朋友，是做服装生意的，在一个二线城市有一个店铺是经营女装的。有一次，我们一起喝茶聊天，他跟笔者诉苦说生意难做，说感觉客户越来越少上门。

　　笔者就问他："你经营的服装的品牌知名度怎么样？"

　　他说："有一定的知名度。"

　　"那价格都在哪个区间？"

　　他说："价格从 200 元到 800 元不等。"

　　笔者之前做过服装行业的咨询案，笔者就跟他讲："我说下我对服装行业的价格的理解，你看对不对。如果有出入，你提出来。"

　　笔者继续说道："据我了解，服装是高利润的消费品之一。就拿你卖 800 元的衣服来说，刚开始上市时可以卖到 800 元，几个月后过季了就只能以 200 元卖掉。

　　基于此，我曾经做过调查，我问一些女性朋友：'你不认为当初以 800 元买下来的人会很吃亏吗？'她回答：'不会呀，这很平常啊。新上市的衣服，当然要卖高价啦！不要仅想着布料、人工成本，最值钱的是设计和品牌。'

　　她的回答有一个明显的潜台词，她在告诉我，像她这样的女性，潜意识里早就接受了服装是暴利产品的事实，甚至还愿意找很多的理由为这个暴利辩护！

　　虽然我不知道 800 元的衣服到底是以多少成本进的货，但我相信成本应该不会超过 200 元，像化妆品、眼镜啊、餐饮啊，差不多都是暴利的商品。"

　　他说："你说得太对了。"

　　笔者说："我还知道，你面临很大一部分压力是销售不出去，就库存积压吧。"

　　于是，笔者给他出了个主意："你先建一个微信公众号，你再多进一些市面上真实销售 10 元左右的袜子，成本应该在 3 元左右，然后你印 5000 张卡片，上面写上扫描二维码，注册会员，赠送12双袜子，每月限一双。"

他说："我要在门口一张张发吗？"

"你自己发，别人不一定会要，况且那样太费时了，你把这些卡片送给你们这个街区附近跟你没有竞争关系的相对来说有一些档次的商家，让他们当作赠品发放给他们的顾客。（消费满300元才送，目的是要筛选出有消费能力的客户）给商家说，你们可以把这个卡片当作让客户多消费的砝码（这样商家一来可以增加收入，二来可以做客户关系，他们才有积极性帮你去发）。

等客户拿着你送的卡片来到你店里，你首先让客户扫码，添加他的微信，并为其免费办理会员，然后把他拉到你自己建的微信群里面（微信群，以后就变成了营销的主战场）。

设立好会员制度：

1. 一次性购物满300元，即可免费办理会员，会员日常消费打8折。

2. 每季度最后一个月的最后一周为会员周，会员周所有商品打6折。

3. 会员生日当天所有商品打4折。

4. 会员重要纪念日当天所有商品打5折。

5. 会员可以带领一名非会员同时消费，非会员享有与访会员同等折扣（如会员生日当天打4折，那同时购物的非会员亦打4折）。

6. 免费参加会员微信年会抽奖。经费按会员周、会员生日、会员重要纪念日的所有会员消费的5%的标准由服装店提供（每次消费后把小票拍照发到微信群里，由会员代表统计）。

客户凭从其他商家获取的卡片，来到门店后，你就跟客户讲，由于需要送袜子的客户较多，门店每次来的货很紧张，请客户每个月来领一双，请客户理解。其目的就是让客户多来店里，好搞熟关系。但必须做到无论客户来领袜子时，会不会买其他的衣服，都要做到笑脸相迎，服务态度绝对要好（客户来了店里，了解了会员制度，体会到了好的服务，一定会购买，从而成为忠实的客户）。"

林先生一听，顿时就觉得两眼放光了："这样一来，我就可以从别处获得大量的客户，然后用会员制度，把他们留下来，变成自己的客户，然后他们还会帮我去转介绍其他的行客户了。"

"没错，这就是鱼塘理论的运用，用好的鱼饵把别人鱼塘里的鱼吸引过来，然后把这些鱼塘合并起来变成自己的鱼塘，他就是你的财富金库。"

打那之后，林先生完美地执行了这一套方案，生意越做越好，后来干脆自己打造了品牌，找 OEM[①] 厂商代工，走上了一条更具有发展潜力的路。

现在，我们再来解读下这个案例。案例中采用的方法，称为"鱼塘理论"又叫作"异业联盟"（本书第十一个思维模型）。异业，顾名思义，也就是不同的行业，之间没有彼此的竞争关系。

我们一定要明白，虽然在不同的行业，但我们的客户，同时也是别人的客户。比如，要结婚的人不仅需要"鲜花"，也需要"钻戒"和"婚纱摄影"。当你想钓更多的"鱼"而自己的鱼塘又没有足够的鱼时，就要到有鱼的地方去，这个地方就是"别人的鱼塘"（图 4-2）。

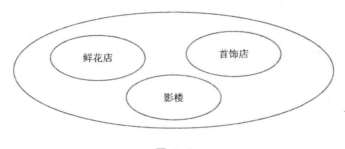

图 4-2

那么，别人之所以愿意跟你合作，允许你去钓他的鱼塘里的鱼，你就要给别人足够的好处，而最直接的好处是你要允许别人到你的池塘里来钓鱼。假如

---

① OEM 是英文 Original Equipment Manufacturer 的缩写，指一家厂家根据另一家厂商的要求，为其生产产品和产品配件，亦称为定牌生产或授权贴牌生产。

说要结婚的人需要的"鲜花店""首饰店""影楼"的鱼塘原本每家有 100 个客户，通过三家的合并，每家就拥有了 300 个客户。对各家来说，这当然是一个大大的好处。当然，也要这三家的鱼塘的体量大致相同才能合作得更长远。

那别人鱼塘里的鱼为什么要吃你的"鱼饵"呢？你就得给这些鱼"与众不同的好处"。

对商家来讲，最直接的好处是"获得更多的顾客"。对顾客来讲，最直接的好处就是"价格优惠"甚至是"完全免费"。所以，鱼塘理论一定需要设计一个三赢的策略，把自己、商家、顾客的利益绑在一起。

鱼塘理论中至关重要的一环，就是要打造一个超级诱饵，这个超级诱饵（本书第十二个思维模型）要具备以下特点：

1. 更容易让客户接受。

2. 更容易传播。

3. 更容易引出后续消费。

其一，赠送市面上在售的商品（切记不可赠送市面上没有真正销售的商品，确保客户可以感知此赠品的价值）。价值 120 元的 12 双袜子，就能让客户感知价值，客户才会接受这个赠品。

其二，当商家提出满多少金额就赠送的时候，客户才愿意多消费一些，以满足自己免费获得赠品的愿望，同时也帮商家增加了收入，商家又觉得能够帮客户省钱，进而跟客户打好关系。这样一来，商家才愿意帮忙去送（传播）。

其三，12 双袜子，每个月限领 1 双，就更能通过多接触，不断地增进与客户之间的信任，进而引出后续的消费。

由此看来，这个卡片就符合这"超级诱饵"的特性。

鱼塘完美渗透

我们前面提到实力相同的商家进行鱼塘合并，才能长久。那假如你是一个实力不济的商家，你想与实力差距悬殊的商家合作呢？

实力较弱的一方就不得不把自己的产品捆绑到别人的产品中，从而借别人的渠道，进入市场。无论你现在是一个企业实体的老板，还是普通的"打工人"，你身边都存在着比你大得多的"巨型鱼塘"。你没有必要慢慢去积累自己的客户，而是直接地把自己的产品信息、个人品牌及自己的价值形象都捆绑到别人的现有产品流通链条之中，借别人的手传播出去，从而把别人的客户变成自己的客户。任何想缩短成功时间的人，都应该下功夫去好好地研究"鱼塘渗透"的策略。

20 世纪初，满脑子乌托邦式幻想的推销员金·坎普·吉列已经年过半百，他花了几年时间发明了可换刀片的剃须刀，但在最初销售的这一年时间里，只卖出 51 副刀架和 168 枚刀片。

但接下来，吉列做的事情却创造了一种全新的商业模式。他以极低的折扣将数百万副刀架（买刀架送刀片）卖给美国军队，让军队将刀架当作生活必需品发给士兵，以期望这些士兵退役还家后，可以变成吉列的忠实客户。

他将刀架卖给银行，让银行作为礼品来送给新开户的客户。他还设法把刀架和很多商品都捆绑在一起，其中最成功的当数绿箭口香糖。

仅过了一年时间，他就已经售出了 9 万副刀架和 1240 万枚刀片，以此实现了销售业绩的数万倍增长。

吉列的销售策略，是用极便宜的刀架当诱饵来进行广泛传播，获得了客户的认可，很好地引出的客户的刀片消费，而刀片是消耗品，不断地消耗、不断地购买才支撑起吉列的利润来源。

时至今日，我们在超市还能看到吉列在进行类似的操作，不过吉列早已经不再是弱势的那一方。但超市也不乏不好的诱饵，比如，买牙膏送杯子、送盘子、送盆子。这些赠品的商家在强大的高露洁面前自然是缺少话语权的，这些赠品又不能引出后续的消费，如果卖给高露洁的时候再没有利润，那想生存起来，压力就可想而知了。他们只是高露洁用来增大销量、维护客情的工具罢了。

很多看似很大的企业，其实也有很多东西是无法"自给自足"的，就像银行需要礼品一样，他们都有大量的需求。笔者将这个现象称为"大也不足"（本书第十三个思维模型），所以千万不要被大就吓得退缩了脚步。笔者有个朋友小马曾经就给银行提供过用于赠送客户的礼品。但如何让这个礼品顺利引起后续消费就值得我们深入地去发现了。

媒体鱼塘

我们在看电视，用手机、用电脑时，总是时不时会弹出广告，虽然我们每个人都不太喜欢，但不得不承认媒体广告的确是目前传播效率最高的渠道。

所以，要想快速地做大你的鱼塘，你必须学会利用"媒体"来放"诱饵"，进而大量地获取客户。

微信支付，笔者相信大家都不陌生，下到 10 岁的孩子，上到 80 岁的老人，都会那么两下子。作为一个现象级的产品，微信支付是怎么走入千家万户的呢？我们来看一下微信支付发展的历程：

1.2013 年 8 月 5 日，财付通与微信合作推出微信支付。微信支付正式上线。

2.2014 年 1 月 4 日，滴滴打车接入微信支付，3 天突破 10 万单。

3.2014 年 1 月 27 日，微信正式推出微信红包，并迅速流行开来。

4.2014 年 08 月 28 日，智慧生活全行业解决方案正式公布。

5.2015 年 02 月 18 日，开创春晚红包，10.1 亿次收发创新了春节全民红包互动的新高潮。

6.2015 年 05 月，零钱用户突破 3 亿。

7.2016 年 01 月，微信支付接入线下门店超 30 万家。

8.2016 年 08 月 8 日，提出"无现金生活"理念，打造全球首个移动支付节日"无现金日"，倡导低碳、高效的生活方式。

截至 2017 年 12 月，微信支付绑卡用户已超过 8 亿，已与近 400 家银行进行合作，并拥有超过 3 万家服务商。

通过微信支付发展的历程，我们可以看到，其爆发性增长的事件是 2015 年春节联欢晚会的摇红包事件，其花了 5 亿元现金，来借助春晚这个中国最大的流量 IP 的加持，微信支付完成对支付宝的成功逆袭。马云曾将微信春节红包的胜利称为"珍珠港偷袭"，并感叹"幸好春节很快过去，后面的日子还很长，但确实让我们教训深刻"。

我们来看一看相关媒体，2015 年 2 月 19 日对这一事件的报道：

不知从何时开始，春节的记忆便离不开春晚，一家人坐在一起看春晚逐渐成为一种习惯。昨天是 2015 马年除夕，央视春晚一如既往成为家人们饭桌上谈论的话题。然而不同的是，微信摇一摇得红包为这个除夕增添了别样的味道。

根据微信官方提供的数据显示，除夕当日微信红包收发总量达到 10.1 亿次，在 20 点到今天凌晨零点 48 分的时间里，春晚微信摇一摇互动总量达到 110 亿次，互动峰值出现在 22 点 34 分，达到 8.1 亿次 / 分钟。

红包是中国人的传统习俗。每到除夕夜，小辈们就会得到长辈给的压岁钱，据说古时候这些钱是用来吓走叫作"祟"的妖怪。渐渐地，红包还成为寄托亲人和朋友间祝福和好运的最佳载体。

2014 年春节，微信红包成为过年的一个新亮点。经过一年时间，微信红包引发了越来越多人的关注和参与，它正在成为春节期间的一种新习俗。和去年相比，今年微信红包可以说是交了一份非常漂亮的答卷。

回顾去年的数据，根据微信官方显示，2014 年微信红包在除夕到初八这段时间里吸引了超过 800 万的用户参加，共有超过 4000 万个红包被领取。

相较而言，2015 年微信红包的大规模爆发在较大程度上得益于联手央视春晚，让摇红包成为伴随整个春晚过程中的互动方式。同时，除了现金红包之外，用户还可以摇到祝福语、互动页面、祝福贺卡，甚至上传全家福等，这都让红包内容更加丰富和生动；春节期间新增的"拜年红包"以及除夕前期的预热则有效培养了用户使用红包的习惯。

更多玩法摇出更多新意

和央视春晚的合作，着实让微信红包火了一把。从除夕早上 9 点开始，微信就在央视新闻频道特别节目《一年又一年》的直播过程中让用户摇出少部分金额随机的红包、祝福语和互动页面，为晚上的春晚做了铺垫。

和央视春晚的合作才是微信红包在除夕的重头戏，微信用户在春晚通过微信的"发现—摇一摇"入口，开抢由各企业赞助商提供的价值超过 5 亿元人民币的微信现金红包。这次在春晚的整个直播过程中，微信的"摇一摇"将开启为除夕定制的入口，摇出的各项惊喜功能则将与春晚的环节设计紧密相关。

比如，可以摇出电子春晚节目单，随时更新显示当前正在播出的节目；摇出新年贺卡，用户还可能随机摇出给某位好友的新年贺卡，自己 DIY（自己动手）祝福语送出新春祝福；摇出正在直播节目的明星拜年祝福，比如电视里正在播放李宇春的节目，那么她的拜年祝福也会及时被要出来，可以感受实时的跨屏互动；此外，还能摇出"全家福"的互动页面，用户可以把全家福上传过去，有机会出现在出完现场，微信方面的数据显示，20 点至 20 点 52 分这个时间段里，共上传春晚全家福照片 3900 万张。

同样让人印象深刻的还有摇出来的 H5（一种网页设计形式）页面，让微信用户回忆起从小到大有关除夕的记忆，可以说是相当温馨，同样也在朋友圈里引发广泛传播。

22点30分，伴随着吉祥物"羊羊"的口播，用户们迎来了春晚摇红包的高潮。微信官方数据显示，从20点到20点42分，摇一摇总次数超过72亿次，22点32分到22点42分，摇一摇送出红包1.2亿个，22点34分时摇红包次数最多，达到每分钟8.1亿次。

除夕当日微信红包收发总量则达到10.1亿次，在20点到今天凌晨零点48分的时间里，春晚微信摇一摇互动总量达到110亿次。

拜年红包和裂变红包让用户动起来

除了群发的祝福短信、微信，用户在今年春节还多了一种新的拜年方式，就是微信新增的功能"拜年红包"。拜年红包以小额吉利金额和相关祝福语的形式发出，可以说是红包拜年两不误，同时也通过高频词的使用培养了用户发红包的习惯。

用户可以在私聊中选择拜年红包，一个吉利的金额和祝福语就会自动生成，如果满意，微信支付即可。跳出来的祝福不满意，可以选择关掉重新生成。

和普通红包不同的是，拜年红包的祝福语和金额有一定关联，代表着不同的寓意，比如6.66元代表"六六大顺"、8.88元代表"财源滚滚"、2.22元代表"为了梦想一路二到底"，4.19元代表"新年到了，约吗"，2.66元代表"明年一定遇到好事"等。

另外值得一提的是，今年红包还多了一个"裂变"的新玩法。在微信联合春晚为广大用户发放企业红包的时候，用户不但要抢，还要分享给好友才能获得红包奖励，这在很大程度上加大了裂变的可能性，从而能够有效提高品牌曝光效果，同时也增强了用户之间的互动性。

红包大战预热助力

除夕微信红包的火爆还与此前的预热不无关系。

就在离春节还有几天的时候，微信红包、QQ红包、支付宝红包等的红包大战就已经提前打响，并在用户中形成大量的传播。与支付宝红包相比，微信红包和QQ红包的用户口碑更胜一筹，这也在用户之间形成了有效的二次传播。

从2月11日上午10点开始，支付宝钱包的第一轮红包开抢。打开支付宝钱包就能看到类似于"打地鼠"的游戏，带着"快来嘛""戳我呀"字样的钱包在屏幕上"闪躲着"，击中才可能获得红包。虽然这"第一场红包雨"，自称有210万人中奖，不过网友纷纷表示"屏幕都戳烂了，连毛都没有"，此外就是一些不太实用的优惠券。

与支付宝红包相比，QQ和微信的现金红包则更受用户欢迎，用户也纷纷在社交平台上晒图表示"抢红包还是现金更实在"。2月11日晚上，QQ红包的战火打响。QQ在春节期间一共派发总价值30亿的红包，发放时间从小年夜持续到除夕，分为明星红包和企业红包。

数据显示，QQ春节红包在除夕当天收发总量是6.37亿个，抢红包用户数达1.54亿。此外，QQ春晚兴趣部落页面浏览量达19亿，发起春晚节目的投票互动数是6.7亿。

微信则从2月11日9点开始开启了春节红包，微信联合各类商家推出春节"摇红包"活动，送出金额超过5亿的现金红包（单个最大红包为4999元），以及超过30亿卡券红包。此外，还包括和央视春晚合作的摇一摇送红包。

多家参与到红包大战中，有效地让线上红包这种方式深入人心，同时培养了使用习惯和期待。

在2014年春节开始微信红包引起爆发后的一年时间里，用户的红包习惯已经十分成熟，对红包的期待也越来越高，从马年除夕开始，拜年模式或将被改变。

单从媒体的报道上来看，我们只能感受到这一事件对微信支付带来的深远影响。事实上，后面几年的春晚，快手、今日头条、抖音都在不断地效仿，但其实效仿的背后，用户的留存度才是微信区别于他们的地方。微信支付在 2017 年获得到 8 亿的绑卡数量，也就是将银行卡支付和微信支付牢牢地绑在一起。银行卡作为大家盛载财务的载体，和微信支付绑在一起，可见用户对微信支付的信任。这个程度上的用户黏度才是微信支付的核心竞争力。

回顾下上文提到的超级诱饵的特点：

1. 更容易让客户接受。

2. 更容易传播。

3. 更容易引出后续消费。

有了好的诱饵，我们如果没有好的鱼塘，那上哪里下饵呢？前面提到的微信支付在春晚上做广告，对于微信支付来说，就是要开发全国所有的用户。而对于我们一般的企业来说，虽然我们在前面"鱼塘合并"和"鱼塘渗透"中所提到的方式从接触效率来讲，远比不上一家普通的电视台，但目标客户更加精准。

做过广告的或许都明白，广告覆盖的目标群体越大，我们需要付出的广告费用就越多。这也就是春晚那么短的时间，广告费过亿的原因。如果说我们在一个媒体上打的广告所覆盖的人群里，只有 1% 的人是咱们的目标客户，也就意味着在这个媒体上的广告费用有 99% 是浪费的，这种浪费对企业来说是相当致命的。除了金钱上的浪费，还有对广告策划人员自信心的打击。在此提醒各位广告策划人员一句："不放诱饵，不做广告。"

所以说，如果我们广告的目标群体不够精准，那其实是对广告费用的巨大浪费，这也就是现在百度推广和小视频点击大受欢迎的原因。因为可以做到精准链接到商家的购买页面。这种方式是交互式的，双向沟通，效果会更好，并且借助"神策"等营销大数据分析平台，能分析出通过哪个平台做广告最有效果。

广告应该怎么打？

如果说同样是花 1000 万元做广告，有两种方案：一是在 10 个平台上分别做 100 万元的广告；二是先在 10 个平台，每个平台先投个 10 万元的广告，然后用大数据分析出获客线索最多，成交率最高的那一个，然后把剩下的 900 万元投入这一个平台。

哪一个更科学呢？科学的手段，往往都是通过试验不断地试，直到达到目标。毫无疑问，通过试验，找出最好的方案的那一个必然是最科学的。

事实上，大众媒体有很多，你想覆盖到哪些目标客户，几乎都能找到对应的媒体：电视、报纸、杂志、广播、网站、App 等。

假如按上面提到的先选十个，要先考虑一下，产品和服务是大众消费品，还是针对特定的人群，大众消费品，诸如茅台，新闻联播前的那几秒就是很好的选择。如果是特定的人群，能将"诱饵"和"目标客户"很好地结合到一起的媒体就是好媒体，这个好媒体通常在目标客户生活和工作接触最集中的接触点呈现。

口碑传播

如同南非的许多小酒厂一样，"暴风谷"酒园挣扎在竞争残酷的国际葡萄酒市场中。这个酒厂规模小，也没有太多的资金去做广告，如何能在这样竞争激烈的大环境中找到一条适合自己的路显得异常重要。他们想到了利用网络来推销自己的葡萄酒，并且选择了最新的、尚未有人尝试过的葡萄酒博客营销策略。

"暴风谷"酒园在市场推广方面做了如下的营销策划：

"暴风谷"酒园的网站就是一个博客而非一个传统的酒厂网站，他们的想法很简单，与其采用效果一般的酒厂网站，还不如走与众不同的博客网络。

给满足公司推广活动条件的博客群体赠送葡萄酒，大约有100瓶"暴风谷"酒园的葡萄酒通过自己的网络发给符合要求的欧洲博客们。只要博客满足以下条件，就可以收到一瓶免费的葡萄酒：已届法定饮酒年龄并且住在英国、爱尔兰或法国；此前至少3个月内一直写博客；博客读者多少不限，可以少到3个，只要是真正的博客；而且收到葡萄酒并不意味着你有义务要写博客——你可以写，也可以不写，可以说好话，也可以说坏话。

经过这个简单的市场推广活动后，这个酒厂取得了如下成绩：

在2004年6月的时候，用Google搜索这家公司的只有500人，在同年9月8日却达到20000人。而在这2个月中，他们自己估计有30万人通过博客认识了这家公司！

在2004年，"暴风谷"酒园的销售量为5万箱，而到了2005年统计的时候达到了10万箱，而且这个数据还在上升。在南非葡萄酒市场上，他们的酒占据了19%的市场份额（5欧元以上的葡萄酒）。

英国开源市场营销咨询公司的杰尼摩尔、詹姆斯切克夫和"暴风谷"酒园的老板詹森柯曼做了一档采访节目，笔者在这里引用詹森斯部分采访语录，从中我们可以看出詹森采用葡萄酒博客营销绝非"赶时髦"。詹森强调："博客绕开传统的市场调查和设计程序，与客户建立对话，让客户参与到品牌建设和品牌推广中。博客真的很棒，就像你一直在做焦点小组市场调查……我们是一家年轻的公司，我们想听到人们会说什么……我们想知道应如何改进。博客的巨大价值之一就是你可以问一些市场问题并且可以立刻得到回馈。当你听到了市场中的所有看法，你就会真正明白你要往哪走。要让自己的产品具有影响力，除了产品不错之外，还要有些有趣的东西可以说。博客能帮你做到这些……巨大的机会……而且非常经济。你很难想到另外一种更经济的市场营销办法。近来有很多报道我们的，但他们关注的都是给博客送免费样品，这对我们想做的事是个误解。这就好像你到酒吧给别人买杯饮料。你这么做不只是给他们买杯免费饮料，而是开始一次对话。我们做的就是用我们的产品作为我们与人们开始对话的一种办法。这就是现在市场营销要做的：与人们对话。"

詹森指出，他们要让自己的企业博客成为一个酿造和销售窗体顶端窗葡萄酒的窗口。在他们的博客网站里，谈论经营酒园的酸甜苦辣、酿酒笔记以及对葡萄酒世界的自我认识。詹森说葡萄酒营销必须改变，即便他们不这么做，别人也会这么做。他们会鼓励人们发表看法，让他们影响自己葡萄酒的风格和酿造的方法，这只是一个时间问题。的确，詹森这么做的结果只有一个：消费者才是他们葡萄酒的首席酿酒师。詹森最后总结说："博客让我们变得不再封闭。它让我们每天都变得丰富多彩，而且它最终将改变我们经营的方式以及我们对市场的看法。"

迄今为止，世界上有记录的率先利用博客进行营销的酒厂就是南非的"暴风谷"酒园，这个小小的酒厂创造性地利用当今网络界最红最火的博客来营销其葡萄酒，为葡萄酒营销提供了新的途径。而我们的目光不能仅仅停留在"暴风谷"酒厂这一策略所带来的影响力和飞速增长的销量，而应该看到这个策略的内在含义：这些博客不是为那些品酒专家写的，恰恰相反的是，这些博客是向那些业余人士揭开葡萄酒的神奇面纱，让他们进入真正的葡萄酒世界。写博客的一个目的，就是让那些对葡萄酒还知之不多的普通人谈论他们是如何开始了解这一产品的，它是一个引子，一个诱惑，一个让广大潜在消费者感兴趣的话题。

综观世界葡萄酒市场，葡萄酒业正不遗余力地"让人们对葡萄酒失去兴趣"。比如，商品架上那么多种葡萄酒以至于让消费者困惑；那么多复杂的专业术语、那么多讲究的选酒程序足以让一个潜在消费者感到胆怯。而在博客世界里，讲究的是一种平等的对话，是一种消费者和企业自我融入、平等交流的对话模式，采用这样的模式更能让葡萄酒贴近普通消费者的生活。

那"暴风谷"为何会选择给博客写手们寄酒，为什么不给普通人寄呢？

博客写手通常热爱分享，对新的有创意的话题更是十分热衷，面对动辄有以百万计粉丝数量的博主，暴风谷的用意就再明白不过了，相对于那点葡萄酒的价值，其获得的广告效应何止万倍。

相对于传统的电视、报纸、广播等媒体的一对多传播，单向沟通，这种可以交互的口碑传播永远无法被替代。微信在春晚后的"持续性扩散"就是口碑传播的巨大效应。

我们一起来看下"暴风谷"的传播模型。

博主 A 收到了免费送上门的"暴风谷"葡萄酒，出于博主的本能将这一"奇遇"写到了个人的博客上。

他有一个博主朋友 B，发现了他写的这一篇文章，跟帖道："这挺有意思，我也转发一下吧。"于是，他把文章转发到自己的博客上。

接着，B 的读者 C 也看到了这篇文章，也感觉有点不可思议，就顺着博客的链接找到了 A 的地址。

接下来也给 A 留言："亲爱的先生，我也想知道这家葡萄酒公司的联系方式。"A 回复他："当然可以，你可以访问下他们的博客⋯⋯"

于是，C 找到了葡萄酒公司，索要了免费的酒。等他收到酒后，就给

A 和 B 分别留言："太棒了，他们真的给了我酒，酒不错，他们这个挺有创意的，我也要发文章，告诉更多的朋友去他们的博客要酒（图 4-3）。"

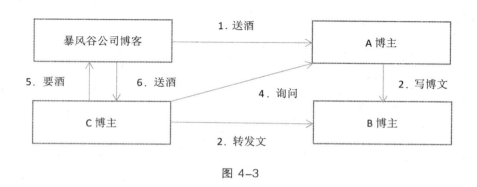

图 4-3

由于博客的交互的特性，A 博主既是信息的发布者，又是信息的反馈者，

B 博主、C 博主也具有同样的物性。假如 A 有读者 10000 人,每一个 A 吸引 100 个 B,而 100 个 B 又分别吸引 100 个 C,就相当于通过 A 传播给了 10000 人,而这 1 万人又会不断地扩散,这也就是"暴风谷"在 2 个月内获得爆发性增长的原因。

这种扩散,已经不再是 1 到 2、2 到 3,而是呈几何倍数增长,关键还是自动自发地。就像多米诺一样,推动了第一块骨牌,就看着客户的人数像"滚雪球"一样源源不断地自动增长。

远的不用多说,拼多多就是通过"拼"的方式,让客户在亲朋好友之间几何倍数增长,短短两年的时间实现了上市的目标。虽然它还处在亏本的阶段,但依然被资本看好。

当然,口碑传播也有一定的风险,人们往往不太喜欢谈论产品,而更愿意传播话题,而话题往往不太好掌控。如果要找一个话题做得好的案例,就不得不提到"杜蕾斯",几乎每次的热门话题都把握得恰到好处。这些软文的功底,不是谁都能具备的。

另外,口碑传播可能会导致大量的信息失真。大家玩过接力传话的游戏,随着接力者对自己理解的信息进行加工,最后传得越多,信息失真的可能性越大。

可谓好事不出门,坏事传千里,人们总喜欢把好事加工成坏事,然后再传播出去,因为负能量听起来更酷,反而传播得更快、更广。

拼多多是口碑传播的受益者,同时也是受害者。它就被人们传为假货的发源地,不信你可以问问身边的人,看是不是有很多人就是这么认为的。反而对拼多多的贡献,大家只字不提。

想要避免负能量的传递,我们就人为地准备好统一的模板,这样无论怎么样转化,都不会信息失真。笔者还记得有一次,我们一帮朋友踢完球以后,去"大埔牛肉"聚餐。这个店在深圳是非常有名的,生意非常火爆。当时店里有一个活动,转发一个他们门店的一个广告到朋友圈,就每人送一瓶冰冻啤酒。这个广告就是他们专门编辑的软文。现在回想起来，生意火爆真的是有原因的。

客户转介绍

相信不少的朋友听过 FABE 法则[①]（本书第十四个思维模型），F 是 Features 特征的缩写，A 是 Advantages 优点的缩写，B 是 Benefits 好处的缩写，E 是 Evidence 证据的缩写。

假如你身边有一只猫，你对它说："猫先生，我这有 100 元钱，给你。"那么这个时候，猫会感兴趣吗？猫对钱没有任何感觉，自然也就不会感兴趣。那你换着说法："猫先生，我这有 100 元钱给你，你可以用它来买很多的鱼。"这样就把钱与猫的兴趣结合起来了。这时，猫显然会有不一样的感觉。那问题又来了，你说的话怎么证明是真的呢？你就用 100 元钱去买一次鱼，证明给猫看，这 100 元确实能买很多鱼。这样猫才会接受你的 100 元钱。

这是一个很形象地描述 FABE 的小例子。就是我们跟客户介绍商品的时候，都要从商品的特征会导致哪些优点、这些优点能为客户带来哪些好处、能够证明以上所说的观点这几个方面去沟通。

这也就是做微商的，为啥要晒客户付款截图、做销售的要做拍客户见证的主要原因。当然，天猫上、京东上的买家秀，评论更是为后来者提供了参考依据。虽然会有部分商家造假，总体上来讲，还是有一定的说服力的。

有个朋友很奇怪地问笔者："我向客户许诺过，只要帮我介绍一个朋友，

---

① 典型的利益推销法，它通过四个关键环节，极为巧妙地处理好了顾客关心的问题，从而顺利地实现产品的销售。

就给他8折优惠。但是，为什么愿意帮我介绍的人还是很少呢？"

笔者问他："除去质量、价格因素，你会仅仅因为有折扣而热情洋溢、积极主动地向亲朋好友推荐商品吗？"

他摇摇头："我想我不会，因为折扣事小，朋友事大，万一让朋友知道我想赚他们的钱，那朋友都不好做了。"

"没错，当商家与朋友对立的时候，大多数人会选择帮助朋友，而不是帮助商家。所以，你的这种'收买式'的介绍方式当然没有人愿意了。"

"当我们与朋友相处的时候，你们可能会谈论很多商品有关的话题。然而，这背后，是否有商家的'利益'驱动呢？笔者相信，大多数的情况下，都是咱们自己愿意谈的，而不是因为8折优惠。中国人维护朋友关系的纽带通常是人情，都不太喜欢把'功利'混在其中，即使有人出于'私利'，也要隐藏起来，生怕别人发现，从而破坏感情。"

而拼多多的"拼"是让自己和朋友之间共同得到好处，就不会让人在分享时有心理顾虑。

折扣事小，朋友事大。万一让朋友以为笔者想赚他们的钱，那可能连朋友都没的做。这就是人们"抵触转介绍"的症结所在。古语有云，"诱之以利，利尽则人散"，就是这个道理。

让客户"转介绍"这个思路本身没有问题，"转介绍"之所以被商家奉为圭臬，就是因为"人情"这个纽带，更容易传递"依赖"。但是，如果你的做法有可能破坏这种人情纽带的话，就会适得其反。相反，如果我们不是在利用"人情"而是在"加强"人情的话，要让客户真的相信，他也是在帮助朋友。笔者在前文中帮林先生做的会员制度策划里，就充分地考虑到这一点，让客户带朋友来，朋友同样能享受到超低的折扣。那么，顾客的"转介绍"的顾虑将不复存在，"担忧"就会变成"热情"。

决定性竞争优势

选择第三家的狗

前文提到了如何打造自己的鱼塘，留下了客户的相关信息。那么，有了这些信息后，如何让客户痛快地与咱们产生交易呢？一个大学教授在给他的学生上营销课的时候，给大家讲了一个案例：

有一个父亲想给他女儿买一只狗，在一条大街上有三家卖狗的。

第一家说："你看这只狗很好，好像你女儿也挺喜欢，一千块钱，你好好再看一看。如果你喜欢呢，付一千块钱就成交了。至于狗，你也看过了，你女儿现在挺喜欢的。至于说以后怎么样，跟我没有关系。"

第二家说："你看这只狗非常好，是英国的纯种狗，这种颜色的结合非常好，好像你女儿也挺喜欢，一千块钱也合适。但是呢，我不确认你女儿明天是不是还会喜欢。所以，你付我一千块钱，你回去一周后，如果你女儿不喜欢了，只要你把狗抱回来，一千块钱我就退给你。"

第三家说："你女儿看起来挺喜欢的，但是我不知道你养没养过狗，是不是会养狗，你女儿是不是喜欢养狗？所以呢，我会跟你一块把狗带到你家，然后在你家找到一个最好的地方，搭一个狗窝。我会放足够一个星期的食物，我还会教你怎么喂这狗。然后，一个星期以后我再来。如果你女儿仍然喜欢这只狗，这只狗也喜欢你女儿，那这个时候，我来收这一千块钱。如果你说不喜欢，或者你女儿跟这只狗之间没有缘分，那我就把狗抱走，再把你家打扫干净，顺便把味道全部清洗下……"

教授问学生："大家觉得这个父亲会跟哪一家买狗呢？"

"第三家。"学生异口同声地回答。

为什么大家都觉得是第三家呢，因为第三家的方案好到让人无法拒绝。有了这种好到让人无法拒绝的方案，成交就变得非常容易了。

这种好到让人无法拒绝的方案，在营销人员的眼中就是所谓的"零风险承诺"。在"瓶颈理论"中叫作"黑手党提案"（意大利有一个黑社会性质组织叫黑手党，心狠手辣，令很多人闻风丧胆。当黑手党的人拿着枪指着一个人，让他去吃地上的狗屎，那个人也不得不吃。）

当一个提案好到让客户无法拒绝时，就被形象地叫作"黑手党提案"（本书第十五个思维模型）又叫作"决定性竞争优势（DCE）"。

秋水伊人的VMI模式进化之路

聪明的朋友可能会发现，不对啊，做了那种对客户来说是零风险的承诺，那不是把风险转嫁到商家去了吗？没错，零风险承诺当然是有风险的。这种看起来的风险能规避吗？答案是肯定的。那如何打造一个属于自己的DCE呢？我们来看下面《服装经销商杂志》2012年刊登的一篇文章：

VMI零库存模式，一颗中国服装界的原子弹

浙江印象实业股份有限公司 CEO 姚虞坚

背景：品牌发展的两难困境

目前，中国服装界面临着一个通病，这个已严重影响了中国服装业的正常

发展。一方面，所有品牌对下属代理商的业绩要求越来越高，品牌商要求下属代理商每年不低于两位数的业绩递增比例增长。另一方面，供应链的各层级的库存压力越来越大，品牌商、代理商、加盟商的库存压力越来越大。就拿某上市的休闲装品牌来说，其年库存周转天数为80天，下辖一个省代动辄每年压货2亿元，省代每季库存率退完货基本上还都在15%，同时应收账款周转率越来越低，光是一个省代就欠总公司数亿元。

这就是目前"省代"制品牌的现状，在现在激烈的市场竞争中，很多品牌在比赛增长率，但在追求高业绩增长的同时，也带来了巨大的库存浪费。一般说来，据不完全统计，很多"省代"制品牌真正卖掉的货品只有50%，其他50%是库存，这剩余的50%库存分布在：

15%的库存在零售商；

15%的库存在代理商；

20%的库存在公司总部。

可以说，目前社会上流行的总代理模式必然会导致这么大库存。店铺营业额高，如果库存不大就有钱赚。库存这么大，怎么能有钱赚？又怎么去再生产，怎么可能有多余的资金去开新店？又如何谈得上持续、健康发展？

秋水伊人品牌的供应链革命

秋水伊人品牌从1996年诞生至今，已有16个年头。这些年发展一直非常顺利，每年年均增长率在35%以上。但从去年下半年开始，同样遭遇以上的困局，一方面在市场竞争压力保持高增长，另一方面库存和应收账款大增，出现目前所有品牌都遇到的增长瓶颈。

一向以专业和创新在服装业界出了名的"秋水伊人"品牌的企业领袖——姚虞坚，这次又独创了一套VMI供应链管理模式，解决了业绩和库存矛盾的难题。秋水伊人品牌在3月份的《经销商杂志》打出轰动全国的爆炸式广告——"零库存、低投入、零风险，颠覆业界传统模式，100%退货初尝试"，让业界实在是大吃一惊！记者带着这个大大的疑问，采访了姚虞坚，这位浙江印象实业股份有限公司的 CEO。

店铺到底如何实现零库存？在零库存的情况下，店铺如何保持业绩的增长？

什么叫 VMI 模式

姚总说：VMI 模式不是他独创的，而是高级供应链管理中的一个名词。所谓 VMI，即供应商管理库存，是英文 Vendor Managed Inventory 的第一个词的缩写。通俗说：统一由公司配送，卖不完退给公司。

形成大库存的原因

为什么传统的代理模式会形成大库存呢？姚总说，这与代理模式有关！

首先看总代理下线的加盟商订货模式，目前的加盟商模式普遍存在以下弊端：

1. 销售计划不准。

2. 订货的款式不准。

3. 订货比例很难控制，订得过高，容易产生库存；订得过低，补不到货，则销售计划完成不了。

姚总举了一个例子，2012 年春装贵州省试行全退货模式，当时贵州下线自行订货，结果订货后分析，发现订货时首单订得过大，大部分客户首批订单就已经超过销售计划 140%，怎么可能不产生库存呢？

再看一下总代理商的订货模式，一般总代理商让所有下属加盟商进行订货，再加上总代理备货即为总代理商的订单，但是一样存在着以下问题：

1. 备货的款式：订货会根据客户的订货排行来备货，客户预测款式市场需求不准导致总代理备货的款式不准。

2. 备货的数量：总代理根据客户的订货占比，来预留备货占比。由于客户无销售计划，客户卖完后不知是否要补货；如果客户不补货，则备货数量将成为库存。

因此，缺乏科学货品管理的总代理模式的结局就一定是三输：一方面，总公司、代理商、加盟商大批量压货；另一方面，应收账款大幅度增加，加盟商欠代理商，代理商欠总公司。这种模式再继续玩下去，有一天，一定会像多米诺骨牌一样倒下！很多大品牌因为库存已经倒下，或即将倒下！

如何用 VMI 的原理来解决库存问题

姚总说，当遇到复杂问题时，你的逻辑思考一定要简单化，"一切回归原始状态"——先不管整个公司怎么才能降低，先看看到底一家店如何营运才不会有库存？

姚总这时举了一个简单的例子："让我们看看原始批发状态：散货模式，大家都知道，在 10 多年前的散货模式时，我们当时基本无库存，为什么做了品牌反而有库存，而散货模式反而无库存呢？"他说，这是因为：

1. 拿散货我们基本上拿爆款，款式虽然不多，但也组合得很好；

2. 首批最多一手号；

3. 每日卖了每日补，卖一件补一件；

4. 款式不好退货；

5. 最后到一定时点不补货，卖完为止；

6. 同时下一季货品上市前，只需维持店铺的基本货品陈列量，待上季货品销售后，逐渐卖断码直至清零。

其实，原始的批发模式包含了很深刻的供应链原理。

另外，原始批发模式借助于面料大部分是现货，为什么面料商敢做现货，是由于当时中国服装品牌刚刚开始形成，竞争少，品种少，款式单一，款式变化也不大。后来，市场发生巨大的变化，中国商场大量涌现，国内品牌大批量诞生。另外，WTO 使国外的品牌大量涌入中国市场，抢夺蛋糕。最后，供应商出现严重库存，供应商原来现货做出的面料，由于流行趋势变化快、款式变化快、猜不准畅销款，导致面料大量积压。于是，供应商开始用订货制，订货周期在 7～30 天不等，逼得品牌商要备货，否则将断货。但品牌商备货后，同样由于猜不准，产生大量库存，于是产生了品牌商也对总代理做订货制。同样，总代理也猜不准，因此总代理对加盟商实施订货制，要么到总公司订货，要么到总代理处开巡回订货会。于是，加盟商的库存就产生了！

因此，库存的本质原因：消费者需求多样化——市场竞争越来越激烈——交货周期加长——订货、备货越来越多——库存越来越大。

如何真正有效地解决库存问题

姚总说，用传统的订货模式，必然会产生大的库存，因为订货猜不准，备货备不准，上货后客户卖断码后，由于考虑库存，也可能不补货，这样就会造成库存大和业绩不佳同时并存的情况，怎么去解决这个问题？只有用 VMI 模式，由公司管理库存，由公司控制货品管理，由公司管理发货，多发、少发都是公司的事，反正卖不掉还给公司，这样就解决了代理商和加盟商的后顾之忧，一心一意去卖货，能创造最大的业绩。

当然，如果没有科学化的货品管理方法，秋水伊人品牌绝对不会斗胆说："你卖不完，我来兜底，全退给我吧。"否则，将死无丧身之地。姚总狙创的供应链管理体系已经比较成熟，总结起来，整套体系非常系统化和科学化。首先，由公司根据科学化制订销售计划的原理，来制订总代理及总代理下线所有客户的销售计划。秋水伊人公司独创了一套"自动订货软件"（已申请知识产权），由"自动订货软件"给下线所有客户进行订货，不需要客户来公司订货，按基本量铺货到总代理下线客户，同时在总代理区域仓库进行缓冲备货，在季节开始销售后，对下线店铺实施买一补一的自动补货策略进行补货，公司对区域仓库也实施买一补一策略，同时保持区域仓库的库存平衡，季中进行区域内和跨区域的调拨，最后根据总体销售率的执行情况来决定是否补货，季末在公司的促销政策下进行促销，最终实现公司、总代理、加盟商的业绩递增和低库存的运作。

这是一次供应链的革命！秋水伊人是全国第一个提出原折扣，100% 退货概念，由公司承担全部库存，这是极高难度的供应链改革，是全国第一个吃螃蟹！这个模式如果成功，将可以实施真正的三赢，公司、代理商和加盟商的三赢!

我们带着疑问的眼光问姚总:姚总,这能实现吗?

姚总非常自信地告诉我们,其实我们这个模式已经在自营系统试行了10个月,达成的效果是2009年夏装自营的库存率为零库存,2009年冬装自营库存率12.41%。同时,在贵州省代区域,10年春季实施100%退货模式,贵州地区几乎所有单店业绩比去年提升30%以上,库存完全控制在计划之内。

我们随后采访了秋水伊人贵州铜仁加盟商刘进。刘总说:这个模式很好,不像以前卖完后不敢补货,每天都会到昨日卖了的款式,畅销款不断货。虽然首批的款式数量减少,但留足了基本量也够了,同时有些不好销的款式提前退货,库存量减少,但业绩反而提高了。

VMI 模式给中国服装界带来的深远意义

真正可以解决目前服装界的两难难题:

1. 解决两大难题之一:提高资金周转率;多餐少吃,资金需求量减少,客户绝不会没钱进货。

2. 解决两大难题之二:提高库存周转率,库存大量下降。

3. 使供应链的三方的利益达到均衡:提高了加盟商的利润率,锁定代理商的毛利,不再承担库存,代理商所有精力将放在店铺开发和终端店铺的营运支持上,唯一风险最大的是公司,但公司如果熟练地运用供应链管理的工具,一定可以将库存控制在标准库存之中,那么就实现了三赢。

4. 直接带来的招商效应:由于部分地区实施全退货模式,在总代理的招商会上形成轰动效应,一个总代理非常轻松地在招商会可以一次性签约数十家客户。

VMI 模式正常运行的核心

整套 VMI 模式用软件来实现,这里面有很复杂的计算,包括很多高级供应链管理的原理和结合实际的调整。当然,这是公司需要解决的问题,但最关键的是:

1．线下店铺必须保证信息的正常使用，保证销售记录的准确性和库存的准确性，否则无法卖一补一和建立正确的库存计划。

2．这个模式能否取得成功，还要靠客户在物流上配合。公司要求接收货物必须接收，公司要求退货必须退货。否则，任何一方不配合都会导致整个系统商品流通不畅。最终造成公司、总代理、加盟商的三输！

采访结束时，姚总告诉我们："其实这就是传说中的供应链管理的'黑手党提案'，因为全退货是挡不住的诱惑，没有人不会为之动心，因为制约服装行业最大的问题就是库存问题，谁解决了库存问题，谁就赢得市场，赢得人心，谁就获得长足、快速、健康的发展！"

这篇文章开篇就描述制约服装行业发展的两难问题，就是库存，库存让资金的周转率变低，资金紧张严重制约企业的发展。对企业来讲，库存是行业的痛点；对于服装店来说，更是一大痛点。

秋水伊人创立了VMI（零库存模式），"统一由公司配送，卖不完退给公司"。广告语："零库存、低投入、零风险，颠覆业界传统模式，100%退货初尝试。"此举等于是用远优于行业的决定性竞争优势（DCE）在《经销商杂志》放了一个大的鱼饵。

库存为啥会产生呢？其根本原因在于预测具有天然的不精准性，消费点和供应点相比预测的精准度一样吗（图4-4）？

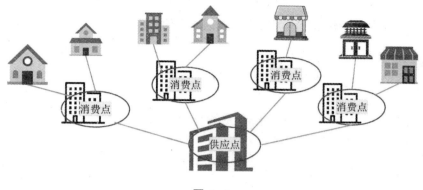

图 4-4

供应点需要供应的是它服务的所有消费点的需求总和，当各个消费点的需求的统计波动加起来时，会发生高和低互相抵消作用，所以供应点面对的需求的变量要比消费点的小，也就是需求因聚集（aggregation），波动会因被平均掉而变小，笔者将此称为"聚集平均"（本书第十六个思维模型）。

举个例子吧，我们每家都会用自来水，假如笔者让你预测下个月你要用多少水，你按照上个月的数据做个预测，本来也是比较准的，但你没法预测到下个月，你家会不会外出一段时间，会不会多来几个客人，家里的水管会不会损坏。所以，预测的数据可能比较准，也可以非常不准。但是，到了自来水厂，他根据居民上个月的用水量，以及随着月份不同的变化量，去预测下个月的用水量，就能预测得比较准了（图 4-5）。

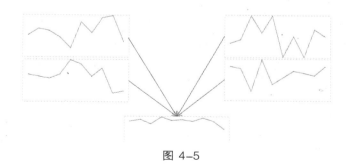

图 4-5

因此，越到下面的门店，预测就越不准。基于"订货会"上门店的需求数据生产出的商品，可想而知会出现大面积的缺货和大面积的库存。只不过，这个库存可能在工厂、可能在代理商或门店的仓库里。

秋水伊人的竞争优势逻辑

秋水伊人怎么解决这个问题呢？在本文中，我们大概能看到是有库存计划、只选爆款、买一补一、到期清零的字样。具体怎么做计划，怎么确保销售的是爆款，为何买一补一是怎么运作的，都没有具体说明。其实，秋水伊人的做法，就是在规避我们前文提到的零风险承诺带来的风险。

1. 首先搞清楚服装店的痛苦。我们现在已经明白了对服装店来说最大的痛苦是库存，其次是缺货。有些朋友可能会说又是库存，又是缺货，这两者会不会矛盾。

一般的服装厂认为把货批发给了服装店即意味着销售出去了，他们通常会以订货会的形式，以现场付款越多，折扣越低的方式，诱使服装店囤大量的服装。他们不知道的是一旦形成库存，对代理商和门店的伤害有多大，会打垮门店对该品牌的信任，最后还是伤害到服装厂自己。

服装店往往是凭个人的经验来选款式及尺码。由于服装是一个周期性极短的产品，而服装店的预测不可能很精准，最后往往会导致一个现象，就是服装店季末会有很多衣服无法销售出去，因此会形成库存。

于是，我们经常看到季末的大范围打折。而真正好买的服装，不是缺款，就是缺码。很奇怪的现象就是我们经常去逛服装店，当我们看中一款服装，没有我们的码的时候，店员往往表现得特别自豪地说："大哥，大姐，你看我们的这款卖得特别好，补货都补不及。"

笔者真的不知道对于一个服装店来说，缺货就代表着损失了很多的销售，这有什么可开心的，应该感到惋惜才对。但是，我们人类在此经常会产生常识的错误。

根据二八法则，20% 的好卖，缺货；80% 的不好卖，有库存。有人专门测算过，如果不缺货，销售额会有 9 倍的增长。

2. 找到了服装店的痛苦，库存与缺货，我们联系了行业的现状，于是就可以设计出一个"决定性竞争优势"。比如，服装厂给服装店的政策是，改变行业的订货会形式，由我们服装厂直接铺货，你们店销售我厂的衣服，我们保证回收所有的库存，保证不缺货，并且不用先付款，销售完后，一周之内结款（秋水伊人后期才开始采用这一政策）。如果一个服装厂能提供这个政策并做到，笔者相信没有服装店会拒绝吧。

3. 我们提供了这个政策，有些朋友可能会说，怎么可能，服装厂不等于是自杀吗，怎么做得到。

竞争对手也会说，这家是疯了，于是竞争对手自然无法理解，也不会跟进。那如果服装厂真的提供了这个政策，它接下来就要去思考，我给客户提供了这么一个好的"黑手党提案"——好到让人无法拒绝的提案。我确保了竞争对手无法跟进（竞争对手看不明白），那怎么避免这个提案伤害到我们自己呢。

我如果能保证回收的库存足够小，并且还能消化，如果能够做到不缺货是不是就可以了？

4. 接下来，服装厂的问题就变成了如何让回收的库存变小，不伤害到自己。如何保证可以不缺货上面。我们来思考一下。我们问自己几个问题：

（1）在 A 地区不好买的产品在 B 地区也不好买吗？

（2）我一定要在最开始生产那么大的批量吗？

（3）我用什么方式知晓门店是否已经售出？

（4）我把以前每周向门店补货一次变成一天补货一次是否可行？

于是，问题又变成了：

（1）把不好卖的产品快速回收，铺到其他地区门店的问题；

（2）如何做客户区隔的问题；

（3）生产批量从原来的 10 万件变成 1 万件（举例），快速地铺开进行快速试销（通过试销选择爆款）的问题；

（4）开发门店销售管理系统，实时收集门店的商品库存及销售情况的问题。

总之，秋水伊人就是用"拉式补货"的方式，打造服装行业的 VMI 模式。

决定性竞争优势需要满足的条件。

经典的"拉式补货"的模型（图 4-6）。

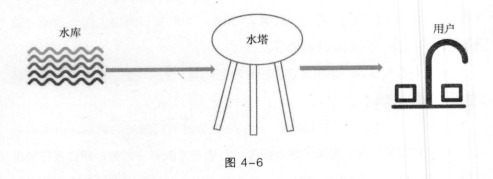

图 4-6

用户消耗多少水，水厂就补多少。不会多不会少，保持水质的新鲜。

秋水伊人的成功让我们看到设计一个好的"DCE"必须做到以下几点：

1. 解决客户至少一项巨大的痛苦。研究表明，人类逃避痛苦的驱动力是追求快乐的驱动力的 7 倍。所以，找到痛苦将是好的营销的起点。

2. 竞争对手短期内无法模仿。对于秋水伊人的这一政策竞争对手一看这完全是自杀行动，他们短期内不明白，秋水伊人是如何做到 100% 退货后，又不至于把库存压到自己身上的，他们不敢采取一样的策略。而最容易被模仿的策略就是降价，竞争对手先看着你去降价，一旦有效，他们会立马跟进。一旦降低无效，竞争对手只会在背后看你笑。所以，价格战这种杀敌八百、自损一千的策略，当是下策。

3. 巨大的市场空间。人们对于产品的刚性需求是检验市场空间的很好的标准。

4．不会冒真正的风险或耗尽资源。任何一项政策都不要使公司处于巨大的风险中，或耗尽公司的各种资源都不能应对。

5．价值可量化，确保客户可以感知价值。客户不能感知价值，或者感知的价值远低于实际的价值时，就起不到吸引客户的作用。

打造决定性竞争优势的步骤

那秋水伊人针对以上几点都分别采取了什么步骤呢？

1．找出行业给客户带来的痛苦。库存问题是个严重的问题，事关生死。

2．将客户的痛苦与行业规则联系起来。这个库存的问题是整个行业的共性问题，只有行业共性的问题，制定的政策才能引起大家的情感共鸣。

3．改变了行业规则，构建黑手党提案。至少解决了客户一项重大痛苦，承诺卖不掉的货100%退回，解决了客户的最大的痛苦，买一补一，让客户永远有爆款销售，促进客户的业绩提升。

4．量化黑手党提案对客户的价值。通过宣传讲解，客户能够深切地感受到这个政策的价值，感到再无后顾之忧。

5．消除黑手党提案对自己的风险。让外界看似巨大的风险，通过经营手段[公司配单，降低首批单一SKU（最小存货单位）的生产量，通过试销确定爆款，然后后面只生产爆款，并提高生产响应速度，利用节省的资源迅速上新，不断地测试出爆款]、技术手段（用自动下单软件，实时统计不同地区、门店的销量和畅销、进行拉式补货，利用不同地区的爆款种类差别，内部快速调货），秋水伊人以此为根本，打造了一支完全匹配上述流程的团队，从而实现了盈利增加、库存可控的目标，真正意义上消除了风险。

经营哲学

不合适退款政策要合理

我们经常看到有的公司的确也做出了承诺，什么不满意退款，7 天无条件退款，迟到 20 分钟 8 折，迟到 1 小时免单。笔者相信朋友们或多或少地都会有被戏弄的经历，什么样的经营哲学，才能真正地走进客户的内心呢？一起来探讨一下。

笔者找了几个不同承诺的版本：

第一个，不满意退款，只收 5% 的手续费或邮费。

第二个，不满意 100% 退款，我们支付邮费。

很明显，第二个比第一个好，如果你让客户付邮费，笔者认为不合理。客户给你信任的机会，用你的产品，结果证明不合适，他不应该有任何的损失，邮费也应该你来出，这是你的责任和姿态。

有一个老师的 DVD（高密度数字视频光盘）卖了很多套到国外，其中有一个英国的读者，在一个月之内没有收到货，虽然快递系统显示收到了。到英国的邮费需要 400 元，按道理我们可以退 5000 元产品费，至于 400 元的邮费完全可以不退。因为确实发货了，且快递系统显示收到了。但老师却认为别人跨洋买东西，是因为别人对他的极大的信任，所以才愿意先付钱，还没有收到货，就莫名其妙地出了 400 块钱，从客户的角度来看，这是不合理的。所以，他认为客户不应该承担 400 元的邮费。

说实在的，这种现象很少，他卖了几千套，也就出了几个情况。所以说，如果证实不满意的话，不要求对方付邮费的时候，销量就会上去。对于国内来说，邮费也就十多块钱，如果销售额因为我们的承诺增长了30%，就什么都有了，客户还会更感激你。

我们要算大账，不要算小账。

第三，不满意多少天内100%退款，我们支付邮费，这个承诺相比于第二个更强烈。

承诺必须做得彻底

我们知道，有一些公司做了承诺，但他们拖了个把月才给人家退货，而且要经过好几关，要领导逐层签字，每一次客户催，都这样应付。

结果，他们的退货率从50%下降到5%，为什么？因为客户还没有坚持到最好就"烦死"了，实在不愿意跟他们啰唆了，客户的流失也就在所难免了。

所以，咱们前文中提到的决定性竞争优势（DCE）要么就做得很彻底，很干净，要么你根本不要做，不要糊弄人，没有意义，也不可能带来成功。

有个客户要拍一个电视广告卖上文中那个老师的产品，但老师发现他的退货流程异常烦琐。那个老师说了："你设置诸多障碍不给人家退货，将来所有人骂的都是我，不是你。"客户说："我承诺至少给你一万套。"老师说："你承诺一百万套，我都不答应。"很简单，我不想砸了自己的信誉。这是最基本的经营哲学。

一年前的8月23日，一个朋友搬了新家，看到中国移动在小区里做宽带的推广，说只要是移动的用户，一个月消费满58元，只收100元初装费，可以免费使用宽带一年。他一看觉得还不错，虽然他已经用了一张电信和联通的手机号，不大可能再用一个移动的号了，就当58元一个月的宽带费用也是不错的，至少比电信的一年 1000 多元还是便宜不少。于是，他就去咨询服务人员。由于没有移动的手机号码，服务人员就现场给开通了一个 58 元的手机套餐，说从 9 月 1 日开始生效。

结果呢，手机号码，他很少用，而宽带的效果却总是不尽如人意，时不时地断线，这让他没法接受。于是，在他交了 12 个月的套餐费后的下一年的 8 月 30 日，去注销宽带。结果，营业人员不给注销，说按协议，不满一年，说手机号是 9 月 1 日才生效的，必须到 9 月 1 日之后，才可以注销。并且必须等注销手机号之后才能注销宽带。

不知道大家有没有看明白这背后的意思。如果按照移动公司的做法，他就只能在 9 月 1 日以后去注销，就意味着，他必须再多交一个月的 58 元的套餐费用（移动的规定，超出一天也要交套餐费用）。从消费者的角度来讲，合同是签了一年，就应该只付 58×12 月的费用，只要是交够了一年的费用，他想啥时候终止合同，就啥时候终止合同。但现实是移动公司却说是提前终止合同，想要解决却要另外多交 58 元的套餐费。

这就极度不合理，打比方说，消费者花了 1000 元点了一个"按摩"，临了，又觉得对不起家里人，不想享受服务，想提前终止了。结果，服务小姐说："先生，你已经交了钱，按合同规定必须'享受 2 个小时的按摩服务'且不得提前结束。"

当然，这只是个笑话。对于移动公司呢，却让人实打实地感受到了"霸王条款"，付足了钱，想随时终止都不行。消费者会做出什么反应就一点都不奇怪了。

很显然，中国移动的这种政策在执行过程中就极度不合理。客户一闹，移动的营业厅也只能按客户的要求去退，但还要搞一个美其名曰的做法叫"申请 100 元免赔"。这叫既没有捞到好处，还得罪了客户。如果移动的高管能看到这段，就好好地反思一下吧。

第四个，不满意我们立即、无条件、100% 退款，包邮费，同时赠送礼品，这个就显得比第三条更加坚决。

1999 年，年仅 33 岁的美国华裔青年谢家华创造了全美最大的在线售鞋网站 ZAppos.com，并在 2007 年突破了 8 亿美元的销售业绩。"顾客至上"的服务理念，渗透到了他们每一个细节之中。

他的网站标明了"Free Shipping & Free 365 Day Returns"。翻译成中文就是："免费送货，365 天内免费退货！"

也就是说，如果你到他们网站订购鞋子，不但你不用掏一分运费，就可以在家收货，而且，如果你在买下该鞋的一年之内的任何一天，感觉不满意，都可以随时要求退货，退货的运费也是由 ZAppos 承担的。

为此，ZAppos 付出了一亿美元的运费，尽管退货率高达四分之一，但这个政策赢得了惊人的回报：每 3 8 个美国人，就有一个曾买过他们的鞋，在 500 万客户中 60% 是回头客，还有 25% 的顾客是朋友和家人转介绍的。

消费者不是傻瓜，你必须重视他们的诉求和顾虑，跟他们建立长期的甚至是终生的关系，才能赢得他们的长期消费回馈。

在很多"精明"的商家看来，谢家华很傻，居然承诺"一年之内随时退货"。但就是这个做到的承诺，却换回了 60% 的重复购买率和 25% 的转介绍。

试想一下，即使你买了一双不合适的鞋，让你很不满意，但当你再一次购买的时候，你多半还会去买，因为没有任何风险。

赠品必须是真实的畅销品

赠品的设计一定要配合核心产品，帮助客户快速、轻松地采取行动，要有相关性。同时，赠品也需要塑造价值，没有塑造价值的东西，即使是免费的，别人也不一定想要。同样，要采购 FAB 法则（属性、作用、益处的法则）应讲清楚，为什么赠品有用，能解决什么问题，带来什么样的结果。

当然，塑造价值的时候，同样需要给客户一个衡量的尺度，赠品一定要是正在出售的，有确确实实的价格，而不是随便编的：送价值多少的东西。只有这样，客户才能感知赠品的真实价值。

同时，赠品最好是两个以上，这样才能避免一部分人喜欢、一部分人不喜欢，从而吸引不到客户。

最后，赠品一定不要是卖不掉的东西，比如说放在仓库里很久了。千万不要这么做。

赠品即使在客户退货的情况下，仍然可以保留。所以，赠品最好设计成高价值、低成本的形态，更方便引出后续消费。比如，客户买油漆，赠送如何粉刷房子的光碟。客户参加一个沙盘培训，送他一套沙盘模拟的软件等。

当然，我们销售的产品必须是质量过硬的，产品不行，什么承诺都挽救不了。

你需要解释贵、便宜、稀缺、慷慨

谈价格之前，必须让别人认识到你的产品和服务的价值。如果你的价格高，你需要解释。如果你的价格低，你也同样需要解释。不要以为价格低，别人就没有疑问。

每一个东西都有其稀缺性（数量少）和紧迫感（时间紧），我们要去找，即便一时没找到，我们也可以人为地打造。即便产品不好打造（软件的数量的稀缺就不易打造），赠品也是可打造的。

同时，你还必须就你的慷慨进行充分的说明。人们已经被"天底下没有免费的午餐"教育了无数遍。谁知道会不会是另一个套路、另一个坑在等着他呢？

你需要减轻客户的无效的、等货的焦虑

为了降低交易的"门槛",我们需要对付款进行优化。降低交易数量、货到付款、分期付款、先受益后付款(沃克净水机,试用一个月,不满意免费拆机)、按效果付款(帮你赚 100 万元,你分我 10 万元)。

客户下单付款后,你要理解他们等待货到手的焦虑。想尽一切办法减轻客户的焦虑。次日达、同城当天达、订货后两小时送达、指定的时间点送达,迟到 20 分钟 8 折、迟到 1 小时免单等都可以根据我们的配送能力去给出相应的承诺。京东自营,11 点前下单,当日到;11 点后下单,次日达。这已经成了京东商城的核心竞争力。

经营哲学,就是要从客户的角度去衡量,什么是合理,怎么做到让客户觉得合情合理。所以,以上所有的决定都需要去解释,为什么稀缺?为什么紧迫?为什么价格这么低?为什么你这么慷慨?客户需要理解你为什么这么做,这样他更容易相信。

本章小结

　　本章主要讲：什么是营销。营销的本质是什么。揭示了财务的载体就是对经营者有信赖关系的客户名单。如何通过鱼塘理论打造客户名单。如何打造决定性竞争优势。从退货、赠品、价格、付款、送货、稀缺性、紧迫感等角度说明经营的原则。关键词：鱼塘理论、鱼塘合并、鱼塘渗透、决定性竞争优势（DCE）、VMI、拉式补货、经营哲学。

　　读者可以思考一下：自己公司的客户联系方式应该用什么方式获得，自己可以建立怎样的决定性竞争优势。

第五章

工厂化的销售流程

本山大叔成功卖拐的套路

　　好的营销是成功的一大半，但如果缺少了好的销售端，想必一定会大打折扣吧。就像在第四章开头讲到的捕鸟一样，当鸟来的时候，如果抓不住，再好的诱饵都没用。

　　于是，好的销售就需要有"枪手"（好的销售团队），在有好的枪法的基础上，用"枪"（销售工具）发射子弹（货品要货有货）把鸟打中。打中的比例越高（成交率），销售就做得越好。

　　赵本山、高秀敏和范伟老师的春晚经典小品《卖拐》大家都有看过吧，给了咱们很多欢乐。在欢乐的背后，其实是一个经典的销售案例。一起来看看，我们能发现什么？

《卖拐》（节选）

　　赵本山：看我眼色行事，好不？哎，来人了，喊……

　　高秀敏：啊，拐了噢，拐啦，拐了噢！拐啦，拐啦！拐啦！

　　范伟：说你瞎指挥啥呀你啊？你知道我要上哪，你就让我拐呀你啊？

　　赵本山：喊卖。

　　高秀敏：卖噢！卖。

　　赵本山：卖啥呀？

　　高秀敏：拐。

赵本山：连上。

高秀敏：拐卖了噢！拐卖了！

范伟：嗯？怎么回事儿？谁要拐卖你呀？

高秀敏：不是，他拐卖了……

范伟：你要拐卖呀？

赵本山：你啥眼神啊，拐卖，拐卖我能拐卖这样的，你买呀？

范伟：你们到底怎么回事儿！

赵本山：啥事儿啊，你多管闲事儿……

高秀敏：我们俩是两口子，在这玩呢！

赵本山：呵呵呵，没事儿玩呢！

范伟：这两口子，大过年的，卖媳妇儿玩……哎呀……

高秀敏：不卖啦……

赵本山：站下……非常严重。

高秀敏：啥呀？

赵本山：太严重了。

范伟：说啥哪？

赵本山：呵呵，没你事儿……

高秀敏：什么玩意儿严重啊？

赵本山：应该告诉他……不告诉这病，危险……没事儿，我这看出点问题来，媳妇儿不让我说，你也不能信，你走吧，没事儿……呵呵……没事儿……走……

范伟：神神道道的……你可真是……

赵本山：就这病，发现就晚期！

范伟：你怎么回事你啊？大过年的，说点好听的！怎么回事儿！

赵本山：别激动，看出点问题来，哎呀，说你也不信……

范伟：你得说出来，我信不信哪，怎么回事儿啊？

赵本山：先不说病情，我知道你是干啥的！

范伟：喀喀，还知道我是干啥的，我是干啥的？

赵本山：你是做生意的大老板。

范伟：啥？

赵本山：那是不可能的。

范伟：废话，大老板有骑这个出来的吗？

赵本山：在饭店工作。

高秀敏：你咋知道他是在饭店呢？

赵本山：身上一股葱花味……是不是饭店的？

范伟：那……你说我是饭店干啥的？

赵本山：颠勺的厨师！

范伟：咦？

赵本山：是不？

高秀敏：哎呀，你咋知道他是厨师呢？

赵本山：脑袋大，脖子粗，不是大款就伙夫！是不？是厨师不？

范伟：哇，行行行……算算算你猜对了。

赵本山：别算，是不是？

范伟：啊，呀呀呀，是，是。那你刚才怎么说我，说什么又是严重了，又是晚期，那是怎么回事儿？

赵本山：你能信吗？

范伟：我我我……我信。

赵本山：在最近的一段时间内，感觉没感觉到你的浑身某个部位，跟过去不一样了。你想，你使劲想……真的。

范伟：我没觉着，我就觉着我这脸越来越大呀？

赵本山：对了，这不是主要病症！你知道你的脸为什么大吗？

范伟：为啥？

赵本山：是你的末梢神经坏死把上边憋大了。

范伟：那是哪憋的呢？

赵本山：腰部以下……脚往上……

范伟：腿呀？

赵本山：对头！

范伟：不对，我腿没啥大毛病！

赵本山：走两步！走两步！没病走两步！走！

范伟：行行……走两步走走走两步走两步走两步……

赵本山：停！你鞋没毛病吧？

范伟：有啥毛病呀？

赵本山：一跟高一跟低？

范伟：这这……这是旅游鞋死跟的！

赵本山：对头，就是你的腿有病，一条腿短！

范伟：没那个事儿！我要一条腿长，一条腿短的话，那卖裤子人就告诉我了！

赵本山：卖裤子的告诉你，你还买裤子吗，谁像我心眼这么好哇？这样吧，我给你调调。信不信，你的腿随着我的手往高抬，能抬多高抬多高，往下使劲落，好不好？信不信？腿指定有病，右腿短！来，起来！（范伟配合做动作）

赵本山：停！麻没？

范伟：麻了。

高秀敏：哎，他咋麻了呢？

赵本山：你踩，你也麻！

赵本山：麻没麻？麻没？

范伟：麻了……

赵本山：走起来，走起来！别控制，腿百分之百有病，别控制，放松！走！走走走！走，快走！走，别想，你跟我走好不？走起来，一点一点就好了，走……（范伟配合做动作）

范伟：哎呀，哎呀，哎呀……哎呀我的妈呀！

赵本山：你走！

高秀敏：好腿给忽悠瘸啦！

范伟：什么玩意儿你说？

赵本山：你看着没，我媳妇儿都看出来了，她说你忽忽悠悠就瘸了。

范伟：大姐呀，那这早咋没发现呢？

高秀敏：早你没碰见他，你早碰见他早就瘸了。

赵本山：我早就给你调过来了……

范伟：大哥，这是怎么回事呢？这？

赵本山：别着急，你呀，小的时候，崴过腿。

范伟：没有啊，我这只崴过脚呀？

赵本山：转移了！不知道吧，后来你的职业对你很不利，原来你不是颠勺，你是切墩，老是往这腿上使劲，就把这条腿压得越来越重，越来越重……轻者跛脚，重者股骨头坏死，晚期就是植物人！

高秀敏：哈哈哈哈哈哈哈……

赵本山：干啥玩意儿？

高秀敏：我说啊……我头一回看他眼睛还会……哈哈哈。

赵本山：你老实点！我在调病呢！

评价好的影视剧逻辑都是严谨的

我们经常讨论某影视剧、舞台剧是否好看，笔者发现很大一部分人的评价好的作品，都是逻辑性严谨，具有很强现实意义的作品。

对"腿有问题"达成共识是全剧的重心

卖拐这个经典的小品也具有相同的特征。赵本山把看似很难的卖拐工作演绎得"滴水不漏"，给了大家一个经典的说服样本。这个说服过程经历了哪几个步骤，其中哪个步骤花的时间最长呢？

虽然这只是个小品，不一定和现实相符，但某种意义而言，也值得我们来借鉴。

第一步：用猜出范伟的工作职务，赢得了范伟的初步信任，建立一个销售的基础。所以，在销售的工作中建立初步的信任非常重要。

第二步：不是直接推销"拐"而是"强调腿有问题"，同范伟一起就范伟的问题达成共识。

第三步："吃药不好使，挂拐"，就解决方向达成了共识，逐步地往卖拐的方向引导。

第四步："拐上哪里买？买啥，送你！送哪好意思呢，一定要给钱，那就给一半。"对解决的方案达成了共识。

第五步："只有三十二块钱，给你自行车。"对解决执行过程中钱不够这个障碍达成了共识。

第六步："他忽悠你"，起到了临门一脚的作用。

看小品的台词，我们就能发现这六步当中，达成"腿有问题"这个过程花了大量的时间。试想一下，如果范伟不确认腿有问题，会去挂"拐"吗？所以，销售过程中，一定要就客户的问题（需求）达成共识。如果这个达不成共识，不要谈后面的方案，不然则会收效甚微。

比方说，客户过来要买一个电钻，而你又没有电钻卖，你就要问客户要电钻做什么用。假如客户只是想要在墙上装一个钉子挂东西，那么客户要解决的问题就是在墙上打钉子，而打钉子这件事，不一定非得是电钻才能完成，锤子同样也可以做得到。你只有跟客户对打钉子这个问题达成了一致，才能销售出你的锤子。

销售就像是在剥洋葱

销售的六层抗拒理论

由此我们引出了一个销售的六层抗拒理论，简称 R6（也是本书第十七个思维模型）。一个销售的达成，从解决信任开始，到积极主动的合作，就像剥洋葱一样，一层一层地剥掉（解决）沟通中发现的问题，最后才能达成合作。

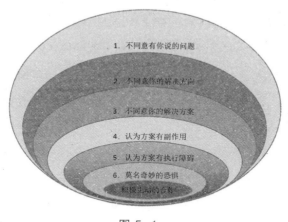

图 5-1

如上图 5-1 所示：

客户的第一层抗拒（R1）是：不同意有你说的问题。第二层抗拒（R2）是：不同意你的解决方向。第三层抗拒（R3）是：不同意你的解决方案。第四层抗拒（R4）是：认为方案有副作用。第五层抗拒（R5）是：认为方案存在执行障碍。第六层抗拒（R6）是：莫名其妙的恐惧。

跟上文中的第一步相比较，我们可以发现，在通过 R6 这个思维模型解决客户问题之前，首先不要忘了建立与客户之间最基本的信任。这个信任除了广告、大企业、国企的性质、行业内客户的见证、客户的转介绍以外，销售的专业度也会影响客户信任的建立。

而对于 2B 的企业间的合作，小金额的合作是建立最基本的信任最好的工具。所以，在大金额的订单无法谈下的时候，则需要想办法，把订单拆分成小订单，从而降低成交的难度。

用R6进行沟通时，严禁跨层级

由于每一层的问题其实都具有严密的逻辑性，外层的问题没有达成共识就相当于外层没有剥掉，强行谈论下一层也是没有用处的。这也就是我们常说的，不在同一个频道。比如说你生病了，医生如果不给你检查、诊断就给你开药，说包治百病，估计你会说他是庸医，他开的药你也就不敢吃了。

所以，应用 R6 进行沟通时，必须一步步沟通，严禁跨层级沟通。在外层没有达成共识前，如果客户进入内层，也要主动地把客户拉回到外层，先就外层问题达成共识再继续。

工厂化的六层抗拒突破

我们知道，再烂的工厂都能轻松地将产品的合格率做到 95% 以上。而一般的销售却很难将成交率做到 10% 以上。为什么呢？

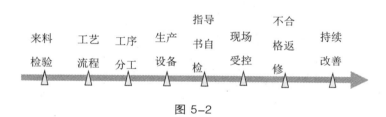

来料检验　工艺流程　工序分工　生产设备　指导书自检　现场受控　不合格返修　持续改善

图 5-2

如上图 5-2 所示，工厂的产品都是严格地按照特定的流程一步步来严格控制的。而销售呢，多半靠销售员的经验来处理，有些经验还美其名曰"只可意会，不可言传"。所以，在现实中，销售人员的成长都是极为缓慢的，那他们拿单的成交率就可想而知了。

就像有人问，什么是枪法？有的人说，好枪法是靠子弹喂出来的。这话在笔者看来不全对，因为用同样的子弹，喂出的枪法也天差地别，总有人就是会没有章法地瞎练，不得要领。

前些年，王宝强和张国强等主演的一部叫《我的兄弟叫顺溜》的电视剧，也是比较受欢迎，其中有一段翰林教士兵们如何把枪打得更准，让笔者印象深刻。

翰林将这个编成一歌："鬼子上山，瞄他的头。鬼子下山，瞄他的脚。鬼子跑动，多瞄一个身位。"通过睡觉前眼睛盯着死蚊子及这套射击歌，就真的大幅提升了士兵的射击水平。营长对此感慨道，一个连枪都没有摸过的人，讲起枪法来还真是一套一套的。

这说明两个道理：第一，没有干过一个行业的人，不见得就总结不出行业的真知灼见，营销的专家可能就没有相关行业的经验，但营销的理论大多是专家总结提炼而出的。第二，用一套完整的程序，并通过刻意的练习就能提高某一技能的水平，销售技能也不例外。

几年前，有一个做实木家具的企业，请顾问公司给做门店销售改善方案。顾问了解到这家企业的门店普遍存在下图5-3的情况：

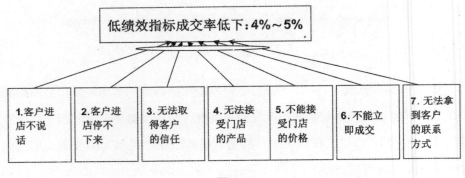

图5-3

怎么办呢？

爱德华·戴明说：如果一件事结果错了，那么应该检讨的不是结果，而是过程。

为了了解整个过程的具体情况，顾问公司就在门店装了许多监控设备，确保无死角，目的就是数字化地监控销售人员的行动、语言对销售的影响。

通过一段时间的数据收集和分析，顾问发现以下关键点：

1.客户进店后不说任何话的一个都没有成交，于是想办法让客户开口说话，就很重要了。

2.客户坐下来体验过家具后，成交率会比不体验的高出几倍，于是让客户坐下来体验就变得至关重要。

3.有一次，一个销售无意中说了一句："先生，你知道购买实木家具的4个要点吗？"客户说："不知道，没有听说过。""那请你坐下来，我慢慢地讲给你听。"于是，他就根据自己的经验临场发挥了几个要点：

看：贴面家具，往往大面积纹路一致，没有任何区别，五金连接件与板材的接触面，有粉末状或颗粒状的可能就不是实木的。

闻：纯木有自己特殊的味道，即使长期存放和涂饰后，仍然会有淡淡的自然的清新的气味，而人造板会有很较浓的刺鼻的气味，即便放上几年都会存在，对人体健康肯定也是不好的。

敲：用手敲纯木制件会发出清脆的声音，敲人造板则会声音低沉，敲两边包镶的制品则会发出咚咚的声音。

掂：按木材的重量分为三级，轻量级有干燥的泡桐木，中量级的有松木、椴木、秋木，在我国北方中量级的又被称为软杂木；重量级的除了红木、黄花梨、紫檀木等硬木外，柞木、水曲柳、桦木被称为硬杂木；综上所述的木材均比刨花板、密度板要轻，原因就是刨花板、密度板都需要大量的胶水进行黏合，所以感觉特别重。

结果，这个客户就成交了。于是，后来就如法炮制，又专门试验了几次，发现效果比较好。于是，跟客户讲选购的标准，就被作为一个步骤定下来了。

4.经过对比成交数据，顾问发现，愿意在销售讲了上述标准后，留下联系方式，和销售互加好友，以便咨询的客户成交率又会大幅度提高。于是，让销售去添加客户的联系方式就很重要了。

5.通过销售挖掘客户的痛点（客户生活中发生了什么事情，让他有焦虑，比如家里有小孩子，甲醛可能会产生危害，孩子在不好的环境下总是生病等），找到客户的解决方向，找出客户的痛点就能引出客户的需求。

6.通过客户的真实需要提出门店的解决方案，将解决方案讲给客户听，就是非常重要的一步。

7.客户听了解决方案后，认为解决方案会有负面的效果，销售要针对这个负面效果进行解释说明。

8.听完了销售的解释说明，客户往往还会有顾虑。比如说，安装、运输过程的损坏，电梯是否进得去，价格是否能够承受等。这个也需要销售去针对客户提出的障碍进行沟通。

9.完成了以上的步骤，客户该下单了。这个时候，需要去总结本次销售流程中的得失，以备下一次更好地解决客户的问题。

结合以上9条，类比工厂的流程（图5-4）。

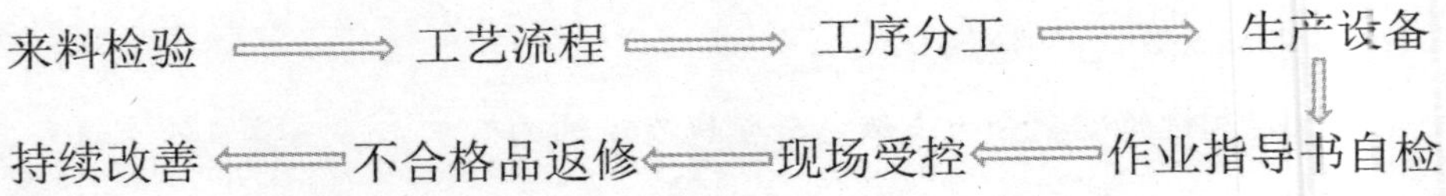

来料检验 ⟹ 工艺流程 ⟹ 工序分工 ⟹ 生产设备
持续改善 ⟸ 不合格品返修 ⟸ 现场受控 ⟸ 作业指导书自检

图 5-4

我们来看一下，如果对应到销售环节，可以怎么做。

来料检验VS来客检验

相信大家都知道，任何工厂都会对工厂的物料进行细致的检验，避免次品进入生产环节，否则检测、返工等程序既浪费金钱，又损失效率，销售的来客检验就是要用数据的方式建立用户画像，从而筛选出自己定义的目标客户。对着和尚销售梳子的手段，只是为了培训而编造的场景而已，没有任何实质性的作用。

相信我们大多数销售开发2B的客户，都会从客户的产品去反推客户对于原料的需求，进而结合其他的信息去判断，客户是否对口，从而节省开发客户的成本。否则，一味地去联系，而客户根本就不需要，只会既费钱，又费时。

前面章节中提到的，顾家工艺通过数据分析出一男一女带一个小孩子进店成交率高的现象，得出的年轻家庭用户是其产品的用户画像。而非设计师定义的宽泛的"都市白领"，因为不精准，无法快速识别。所以，好的目标客户群体一定是让销售人员能快速识别的一类人群。

工艺流程VS销售流程

不同的产品都有不同的工艺流程，笔者有一个做手办的朋友告诉笔者，他们的产品纯手工的工序多的有70多道，必须严格地按照先干什么后干什么的顺序来操作。简单地概括一下，从设计模具，制作模具到注塑，然后印染、黏合、包装等。

而销售的流程大致可以分为3步：

Paradigm（购买观念）→ Measurement（购买决策）→ Behavior（购买行为）简称PMB。购买观念的建立是通过六层抗拒理论的R1来完成的。购买决策是通过R2、R3帮助客户进行决策。而购买行为是通过R4、R5克服客户执行中的障碍从而最终达成交易。

工序分工VS销售分工

除了作坊（如裁缝、铁匠）等手艺人外的工业化生产工序有明确分工，没有从头做到尾的，都是流水线式的。比如，我们军事发烧友就知道成飞生产歼20采用的就是脉动生产线，这种生产线能大幅提高产能。

分工为什么这么重要呢?

亚当·斯密在他的《国富论》一书中这样写道:"一个劳动者,如果对于这职业(分工的结果,使扣针的制造成为一种专门职业)没有受过相当训练,又不知怎样使用这职业上的机械(使这种机械有发明的可能的,恐怕也是分工的结果),那么纵使竭力工作,也许一天也制造不出一枚扣针,要做二十枚,当然是绝不可能了。但按照经营的方法,不但这种作业全部已经成为专门职业,而且这种职业分成若干部门,其中有大多数也同样成为专门职业。一个人抽铁线,一个人拉直,一个人切截,一个人削尖线的一端,一个人磨另一端,以便装上圆头。要做圆头,就需要有两三种不同的操作。装圆头,涂白色,乃至包装,都是专门的职业。

这样,扣针的制造分为十八种操作。有些工厂,这十八种操作,分别由十八个专门工人担任。固然,有时一人也兼任二三门。我见过一个这种小工厂,只雇用十个工人,因此在这一个工厂中,有几个工人担任两三种操作。

像这样一个小工厂的工人虽很穷困,他们的必要机械设备虽很简陋,但他们如果勤勉努力,一日也能成针十二磅。从每磅中等针有四千枚计,这十个工人每日就可成针四万八千枚,即一人一日可成针四千八百枚。如果他们各自独立工作,不专习一种特殊业务,那么,他们不论是谁,绝对不能一日制造二十枚针,说不定一天连一枚针也制造不出来。他们不但不能制出今日由适当分工合作而制成的数量的二百四十分之一,就连这数量的四千八百分之一恐怕也制造不出来。"

亚当·斯密提出分工后,使得社会生产力大大提升。到 20 世纪初,亨利·福特就把生产一辆车分成了 8772 个工时。分工论成为统治企业管理的主要模式。工业 4.0 时代,很多人工的劳动虽然都被伺服机器人代替了,但分工依然重要。

我们当年做沙发工厂生产改善的时候，就充分地利用了这一原理。顾问团队发现，制约产量的瓶颈在于组装沙发的环节，这个环节只有技术极为熟练的工人才能操作。而这个环节里面还有诸如打钉这类技术含量比较低的工序，这个工序也要占用熟练技工的时间。于是，就对工序做了调整，把打钉等一般的工人不能操作的工序切分出去，让熟练技工只负责最难的一道工序。这样改善下来，最后总体产能提升了20%。

而销售是整个流程从头干到尾。说得通俗点，是既当爹又当妈。而销售流程中，有一些工作其实是不需要销售去完成的。

销售员应该做与他自己能力及薪酬水平相符的工作，销售流程中的其他工作应该由其他人员承担，使资源配置更为合理。

销售员更适合开发客户，与客户进行谈判，而不是去做关系管理、数据输入、文案处理和汇报、生产跟单等工作。而我们有些企业，甚至销售还要干打印发货标签、打印发货单、打印快递单的工作，这显然浪费了企业最宝贵的人力资源。

销售应该做客户开发和客户关系改善、订单谈判等最重要的事情，并且不做与以上工作无关的事情，这样才叫作聚焦客户、聚焦业务。而其他的事情可以由销售发起，但一概不由销售具体操作，其他的部门要建立起为销售服务的意识。只要销售需要，其他的部门都应无理由配合，没有可商量的余地。这叫聚焦销售，而只有分工，才能更专业，才能更好地聚焦。

生产设备VS销售设备

中美贸易战，美国制裁了中兴和华为，目的当然不是表面上的危害了美国的国家安全，主要是限制中国的科技发展。用什么手段呢，就是限制芯片的采购和生产。这招可谓十分霸道，正打在我国科技发展的"七寸"上。稍微了解芯片的发展的朋友都知道，并不是国内设计不出好的芯片，而是我们没有生产高性能芯片的好的设备。比如，ASML（阿斯麦）的 7 纳米光刻机就禁止向国内出售，没有这种设备，想要到 7 纳米的制程，几乎是不可能的。所以，合适的生产设备无疑对于生产是至关重要的。

那销售设备呢，有没有一个工具能用了之后，让客户一来就会下单呢？

如果笔者说这个世界上最好的销售是医生，可能有部分朋友不会同意。但现实情况是，即便是不以营利为目的公立医院，每个医生也都有自己的绩效。绩效不同，他们的收入水平也会不一样。更何况那些市场程度比较高的私立医院了。同时，医生也只是一份普通的职业而已，也自然而然有着普通人在金钱物质方面的追求。

所以，笔者情愿把医生定义为一个"销售"。恐怕很少有人能在医生手里做到一毛不拔吧。可有朋友又会说了，那是因为病痛让我们没的选择啊！事实上，我们很多的产品也同样是为了解决消费者的痛点的，比如滴滴是解决打不到车的痛，摩拜是解决出行中"最后一公里"的痛。

那有了病痛就果真没的选择吗？预约挂号平台上患者对于医生的评价信息，你会不会参考呢？那评价好的，经常会约不到号，评价差的经常没人挂号的现象已经表明了，患者是有的选的，医院可以选，医生也可以选。

所以说，医生也是特殊的"销售"，也必须接受患者的检验。那他的诊断的方式和仪器就是他们"销售设备"。

比方说一个人发烧、咳嗽，去了医院，医生通常会问哪里不舒服，什么时候开始的，都有哪些症状等。问完后，又看看舌根、用听诊器听一听。到这个时候，医生往往还不会给你结论，是什么病，他还要给你验个血，看是否有病毒或细菌感染，然后再做个肺部 X 光。经过一番检查，最给得出结论。通过这一系列检查，医生告诉你，你得了肺炎，然后就跟你说肺炎怎么治（治疗方案），询问是否对某类药服有过敏反应（副作用），如果过敏换别的种类的药。

是否能住院，如果不能，是否可以每天来治疗（执行中的障碍）等。等所有的问题达成了一致，如果你还在犹豫（莫名其妙地恐惧），医生就会说，你得赶紧治疗了，否则会越拖越严重，搞不好会有后遗症。

大家有没有感同身受，好好琢磨下，这是不是医生的常态。假如医生不给你检查，就给你开药，估计你就会认为他是庸医。那种开了处方，患者不去付费的例子，笔者想也是存在的吧。

医生说服病人看病的整个过程可以说是利用 R6 的经典案例。这里面，仪器就充当了销售设备。

现在，有很多朋友都会有或多或少的脊椎问题。我听说过一个床垫，最大卖点就是床垫能纠正脊椎弯曲。怎么做到的呢？厂家开发了一套软件，往上一躺就测试出来脊椎哪有问题，要睡怎样的床垫，并且订购时要填写许多的数据，一个月后才能拿到，表示是量身定做的。就是这样一套东西，客户只要一进去经过测试，体验过后，出来基本上就会下单，可见这个销售设备对于销售人员的助力有多大。

如果你是销售一款软件，那么这个设备可能就是一个便于消费者演示操作的 DEMO（小样），能够让消费者体验到软件的便利。如果你要销售一款产品，淘宝、天猫、京东等平台将是你很好的销售设备，甚至客户的电脑、手机、某一款 App 都可以成为你的设备。总而言之，一切有利于销售达成的工具都是我们的销售设备。

作业指导书自检VS销售检验

下图表（图5-5）是一个自检作业指导书样本：

板片压制自检作业指导书

一、目的

为了保证压制的板片质量符合标准的规定和自检记录的真实性，使板片装配后板片的整齐，不影响换热器的外观，特制定本作业指导书。

二、适用范围

只适用于生产车间板片压制过程操作工自检检验。

三、职责

1. 车间管理者负责对操作工的自检执行进行监督。

2. 操作工人负责板片压制时压力的调整，板片的整齐度及表面质量。

3. 检验员负责板片成型的深度尺寸、板片的整齐度、表面质量及微裂纹的检测和记录。

4. 车间各工序操作工配合检验员的现场检验，服从检验员的质判断。

四、自检内容

| 序号 | 自检项目 | 技术要求 | 自检方法 | 检验频率 | | | 备注 |
				首检	巡检	末检	
1	定位	前后左右定位不得松动	用扳手				
2	调整压力	按工艺规定调节压力	目测				
3	表面质量	按图示挑出表面不良产品	目测	2张	3%	1%	
4	整齐度	板片随机码放后不得相差0.5mm	目测	2张	随机	1%	
5	深度	按标准规定执行	深度尺	2张	3%	1%	
6	微裂纹	按标准规定执行	着色	1张	3‰	1张	

五、不合格品处置

按不合格品程序执行。

六、记录

图 5-5

通过标准化的自检流程，确保能发现质量不达标的板片，将其报废。至于像芯片类的特别昂贵的产品，就会降低其级别。比如，工业级降为商业级。其中，商业级的应用场景的温度范围就比工业级的要窄。实在不能用的，才会报废。

笔者曾调研过的工艺品公司纯手工制作的手办产品的报废比例甚至达到20%，从注塑开始，4万个订单，注塑就要注5万个，不同的工序都会有报废，最后差不多合格品就4万个。

销售的自检，就要是找出客户未成交的原因，到底在哪个环节出现了问题，然后调整方法。正如前文所描述的医生看病的情况一样，假如病人不认可医生的诊断结果，那么病人大概率不会接受医生的治疗。又或者医生开出了病人无法承担的费用，病人就没法去执行。所以，找到出问题的环节至关重要。

由于客户的拒绝通常是出于本能的拒绝，甚至连基础的了解都没有，所以在确认销售的沟通方式没有问题的情况下，不要轻易放弃。心理学研究表明，一个人正常情况下拒绝别人不会超过6次。笔者将此现象称为"6次拒绝"（本书第十八个思维模型）。在我们不出差错的情况下，只要客户没有拒绝我们6次以上，都不要放弃，多联系几次至少会让客户愿意去了解。只要愿意了解，就给了我们机会。

比如说，你想追一个女孩，天天跟她说，喜欢她，爱她什么的。刚开始有点效果，时间一长就没啥效果了。如果想进一步发展，就需要产生一定的肢体上的接触。有了肢体的接触，两个人的感情就会再进一步。那怎么接触呢，不能一见面就抱别人吧。要是这么做了，估计就会挨女孩的耳光了吧。

先从什么开始呢？有过恋爱经验的就知道，要先从牵手开始。如果手都不让你牵，说明你跟她还不到火候。比如说，你们认识了三个月了，就试着牵下手。如果让你牵，说明她对你感觉不错。如果不让，说明时候未到。这个时候呢，被拒绝了，千万不要放弃，继续对她好。过了一周，再试着牵下手。如果还是不让，记住一个人拒绝别人不会超过 6 次，不要放弃，再继续对她好。再来几次，她的心理防线就会松动，因为人拒绝别人心里会产生愧疚感，更何况你对她那么好。等到一个机会，一起过马路，迅速抓住她的手："有车，有车，注意安全！"她就会想，对我这么好，我都拒绝很多次了，实在不好意思拒绝。过马路呢，抓就让他抓吧。于是，羞羞答答地就默认了。有了第一次，就会有第二次。当抓手成了习惯时，再把手放在肩上，然后放在腰上……然后，感情就不断升温了。

所以，我们开发客户也是一样的。只要客户没有拒绝你超过 6 次，千万不要放弃。

鲁迅先生曾于 1927 年进行过题目为《无声的中国》的演讲，其中讲道："中国人的性情总是喜欢调和、折中的，譬如你说，这屋子太暗，说在这里开一个天窗，大家一定是不允许的。但如果你主张拆掉屋顶，他们就会来调和，愿意开天窗了。"这种先提出很大的要求，接着提出较小、较少的要求，在心理学上被称为"拆屋效应"（本书第十九个思维模型）。

拆屋效应也是在谈判中常用的和有效的技巧。有时候，我们需要在谈判一开始就抛出一个看似无理而令对方难以接受的条件，但这却并不意味着我们不想继续谈判下去，而只代表着一种谈判的策略罢了。这是一个非常有效的策略，它能让你在谈判一开始就占据比较主动的地位。但记住这只是"拆屋"，如果想让谈判真正有所进展，不要忘记"开天窗"。所以，如果你的一个要求别人很难接受时，在此前你不妨试试提出一个他更不可能接受的要求，或许你会有意外的收获。

比如，你实际只想有个初步的合作，接个小单。你可以对客户说："姐，把整单都交给我吧。"（客户心里开始一定会不愿意的）她会拒绝，然后你再说："实在不行，把其中的 ×× 类的料号给我做也行。"

现场受控VS销售过程控制

现场受控的主要内容就是向下级指导恰当的工作方法和工作过程，并实时监控生产的过程，监督下级的工作以保证计划目标的实现。发现不合标准的偏差时，立即采取纠正措施。

上文提到做手办的工厂，就对每一个流程设置了督导，督导就不断地巡查，看操作人员的工作是否按流程，按工艺标准操作。由于手工式的生产没法自动地统计数量，还需要每隔一小时统计每道工序的完成数量，填入生产系统中去，用以分析生产的进度及效率，方便管理层调整。

笔者认识一位公交公司的调度人员，有一次跟他聊起公交的运行情况。他说，公司要求斑马线必须减速到40码以内，靠站必须停在白线以内，且公交车不能超速。司机不能使用手机，哪怕是掏出来看一眼都不行，使用手机一律会辞退。他们调度每天就盯着公交车传回的速度信息跟视频，去发现是否有违反规定的情况。发现违规，第一时间就通过车载通话系统，联系驾驶员，并将违规情况记录到司机的绩效中去，目的就是确保行车安全，避免发生交通意外。

销售过程控制则需要先把销售的整个过程分成若干个步骤，然后分析采集到的视频、录音、聊天记录及销售现场的实际情况，实时地做出调整，并将调整方式及时通知到对应的销售。

有一家酒店引入视频人脸识别系统，然后把自己的VIP客户照片上传到系统中，并把客户相应的姓名、背景、喜好等相关信息录入系统中。当客户一出现在酒店的大门口，被人脸识别系统快速识别出来，系统的现场管理人员就会通过耳返，将客户的姓名、背景、喜好告诉离客户最近的人员，要求服务员在欢迎客户的时候能够叫得出姓氏及职位，比如"王先生""张总""刘主任"，然后直接按以往的喜好，带客户到相应房间帮客户办好入住手续。当客户进入餐厅时，管理人员告诉餐厅服务人员以上信息的同时，并告知客户喜欢的菜品及口味的清淡与否，以方便服务人员提供有针对性的服务。

试想一下，酒店做到这个地步，那些 VIP 客户的体验和虚荣心是不是得到很大的满足？那客户就会更愿意带来后续的消费。

回到本章开头的家具门店的案例中，顾问帮他们打造了销售十步法（图5-6）。

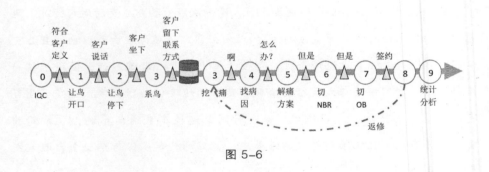

图 5-6

这十步也是按照销售流程 R6 的原理来设计的，其中前 3 步的目标是建立最基本的信任，从挖痛开始分别对应 R1 到 R6。具体到实际的销售过程中，会有些许的差别，有的步骤会多一点，有的步骤会合并。

第一步：识别出符合目标客户定义的客户。

第二步：与客户说话，想办法让客户开口说话。

第三步：引导客户去坐下来，触摸家具（体验、触摸是最基本的销售逻辑，当我们听到有些销售说的"不买不要摸"的话，你就能判断这个销售层次很低，你看服装店总是千方百计地让客户去试穿，去触摸布料的质感）。

第四步：对客户讲解挑选实木家具的四个要点，以获得客户对销售的专业度的依赖。

第五步：添加客户的联系方式，即便本次由于各种原因无法成交，也让客户进入公司的"鱼塘"。

第六步：挖出客户的痛苦，引导客户自己说出解决的方向。

第七步：提出门店的销售方案（包括价格、政策等）。

第八步：对客户提出的销售方案的负面影响，做出解释。

第九步：对客户提出的本次交易中的执行的障碍进行沟通，确保不存在问题。

第十步：将成交的整个过程进行分析，提交报告，以便总结提高。

通过对门店产生的视频数据分析，能得出销售是否按照上述流程跟所接待的客户进行沟通。

是否开口说话，是否坐下，有没有讲要点，有没有拿到客户的联系方式，有没有跟客户就解决方向达成共识，提出的门店解决方案客户是否认同，切除方案的负面效果是否到位，有没有解决执中的障碍，以及成交的客户的分析报告是否提交。对其中的每一个过程的录音的话术进行分析，就能找出成功的话术和失败的话术，然后引导销售人员把成功的话术应用到新的客户身上，就能更好地从现场管控好每一次的销售过程。

不合格品返修VS未成交客户返修

即便在生产过程中每道工序都做了自检，但仍然会有漏网之鱼，而在组装成的成品上被检测出来，那这个成品就是不合格的产品。把不合格的产品中不合格的部件检测出来更换掉，产品就又能成为合格的产品。我们称之为"不合格品返修"。

那么，在销售的过程中，未成交的客户能不能"修理"一下呢（图5-7）？

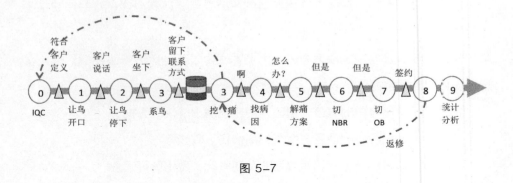

图 5-7

即使在每个销售流程中都没有明显的瑕疵，销售也没法保证每个客户都能拿下。当发现该做的都做了，客户仍然有顾虑。该送的礼品、优惠（临门一脚）也都到位了，极有可能客户对需求并没有那么迫切，这时销售要做的就是返回第三步，去重新挖掘客户的痛苦。客户的痛苦越大，需求就会越大。

话说一个销售卖一套价值5000元的艺术品碗碟给一个对夫妻，碗碟很精致，简直就是艺术品。女客户很喜欢，但男客户觉得贵，就是舍不得，迟迟不下单。于是，销售找了一个机会把男客户拉到一边跟他说："你看你买了这套碗碟，从此以后，老婆都不敢让你再洗碗了，就大男人这粗心的风格，一不小心打破了，老婆该有多心疼啊！"于是，男客户立马下定决心买下了这套碗碟。

可见这个男客户对"洗碗"这件事，是多少痛彻心扉。当然，这也是咱们的玩笑话，还是倡议一下："女同志为家庭付出了太多了，值得广大男司胞好好地心疼一下，有空就多干点家务活，帮她们分担一下吧。"

回到话题中来，如果通过反复挖痛，迂回成交，发现没有任何效果，客户仍然无动于衷，这时候我们就得返回第一步去检验一下，客户到底是否符合目标客户的定义。20多岁的年轻人，会不会接受中式的家装风格，会不会负担得起红木的家具价格。如果客户确实是目标客户，千万不要放弃。

持续改善VS成交率统计分析

在生产过程中，会针对在前面的过程中发现的问题，去重新设计效率更高、合格率更高的工艺。像芯片代工的制程从 7NM 到 5NM 就是对芯片产品的性能有很大提升的工艺改进。

销售控制中成交率的统计分析，可以做哪些工作呢？

把现场管控中的数据收集好之后，以客户姓名为纵轴，以上述要点为横轴，完成的打"√"，哪一点未完成就在哪一点上打"×"。

如果没有 ERP 系统，则每位销售每天出一张稽查表，由门店和销售本人签字确认。如果有 ERP[①] 系统，就在每位客户的名下上传录单记录并人工添加客户销售流程进行的状态。

以下是一位名叫"霍翠"的销售员的一张稽查表（表 5–1）。

×× 销售流程稽查表

销售员：霍翠 日期：2007 年 3 月 5 日 当日提成工资：256 元

销售员：霍翠 **日期：**2007 年 3 月 5 日 **当日提成工资：**256 元

客户名称	说话	坐下	要点	联系方式	解决方向	门店方案	切除NBR	切除OB	提交报告
张　庆	√	√	√		√	×			
刘　敏	√	√	√		√	√	√	√	√
陈东阳	√	√	√		√	×			
廖　伟	√	√	√		√	×			
王　显	√	√	√		√	×			
高敏芳	√	√	√		√	×			
李　琴	√	√	√	×					
李碧儿	√	√	√	√	√	√	√	√	√
刘　鑫	√	√	√	√	√	√	√	√	√

表 5–1

稽查表能起到什么作用呢？

---

① 企业资源计划即（Enterprise Resource Planning），建立在信息技术基础上，以系统化的管理思想，为企业决策层及员工提供决策运行手段的线上管理平台。

首先，可以清楚地看到销售人员在流程的哪个环节上出的问题较多，然后去对比其他的在对应的流程做得较好的销售的真实的沟通记录，去发现到底说了哪些话，会影响到流程上那个环节的突破。

在过程控制中，统计发现员工"霍翠"9个客户其中有4个问题出在"讲方案"。

于是，专门对该员工"讲方案"的环节进行有针对性的培训。而培训的重点就是她最薄弱的环节，也就是她的瓶颈。针对瓶颈的改善，取得了更好的效果。

事实上，上表所显示出的数据已经是在改善之后的效果，刚开始的时候甚至连让客户开口，有的销售都突破不了。经过这么有针对性的数据收集、分析、培训，顾问发现销售跟客户的沟通环节越来越靠近成交，能真真切切地看到销售人员的进步。

其次，这对销售人员来说，这叫"及时反馈"（本书第二十个思维模型）。我们上学时应该会有这样的经历：每次考试结束，我们总是会盼望着老师尽快把试卷改好，发下来；总想早点知道自己考了多少分，做得好不好，哪怕是自己的成绩并不是很好。我们都知道游戏会让人上瘾，从心理学上讲，"及时反馈"有很大的"功劳"。

所以说，能让销售人员当天就知道自己当天的工作表现，当天就知道自己当天的工作绩效是多少钱，将极大地提高销售人员的积极性。

几个月的时间，门店在流程化的销售方式变革下，销售积极性提高了。当然，效果也是显著的，人均成交率达到17%。

在今日的互联网发达的大背景下，"互联网＋农业""互联网＋工厂"的模式已经建立了一个从产品到终端客户的便捷通道，网红带货更促进了商品的交易。但即便如此，销售还是离不开流程化的销售程序，离不开数据的分析。有了它们的加持，业绩会更红火。

本章小结

本章主要讲工厂化的销售流程，如何分解一个看似不可分的销售，把结果变成过程，通过过程的管控使好的结果变得顺其自然。销售的六层抗拒理论（R6）如何在实际销售过程中应用。关键字：R6、拆屋效应、及时反馈。

读者可以思考一下：如果用 R6 去解释自己的成功的销售案例，我的哪些未成功的案例可以用 R6 去改进（这也是自己对于销售流程的刻意练习）。

第六章

朋友客户

销售要放在销售工作之外

很早以前，一位朋友就告诉过笔者，"销售要放在销售工作之外"。对此，笔者深以为然。怎么解释这句话呢？意思就是一个好的销售要把销售工作放在工作之外跟客户打交道的过程中，通俗点讲，就是要做好客户关系和客户体验。

有朋友可能会好奇，一本写营销的书为什么把客户关系专门用一章去描述，值得花这个篇幅吗？在此，笔者提醒大家注意的是前面所讲的营销和销售中隐含的客户的类型主要是跟陌生人打交道。

我们身边总会有做保险的朋友，如果你细心一点，就会发现，他们的前几单往往都是自己身边的父母、兄弟、姐妹。明明父母、兄弟、姐妹并不一定喜欢保险，可还是买了。为什么？

关系，没错，就是关系。有了好的关系，一切销售都变得简单。每一单成功的销售都不应该是客户关系的终点，而是起点。我们都应该为客户关系的改善投入 80% 以上的精力。

有这么几个角色：朋友、兄弟、父母、客户、陌生人。如果让你为这几个角色的关系从深到浅做一个排序，相信大多数人都会按如下的顺序去排：父母＞兄弟＞朋友＞客户＞陌生人。这么排有啥依据呢？

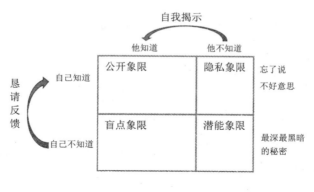

图 6-1

图 6-1 是一个沟通视窗（本书第二十一个思维模型），我们可以用它来判断人际关系的深浅。

公开象限，顾名思义就是自己知道别人也知道的内容。在所有人中，公众人物的公开象限最大，他们通过参加公开活动、发表演讲来扩大自己的公开象限。公开象限越大，就越出名。

隐私象限，是自己知道别人不知道的内容，这其中又分为三个层次。

第一层是忘了说，就是我们潜意识认为别人会知道的内容，其实别人不见得知道。我们通常在沟通没有到位后，指责别人说，"我以为这件事你是知道的"，"这么明显的道理，还需要再讲嘛"。所以，在沟通的过程中，我们需要把别人当作"傻瓜"，方方面面都要说到，而不是让自己觉得一点即破。

第二层是不好意思说。比如，对公司的不满、对家人的不满、对同事的不满等程度较重的秘密，不说出来，怕得罪人。所以，大家往往心照不宣。

第三层是内心深处的黑暗的秘密（Deep Dark Secret），就是我们通常所说的每个人心中都有不可告人的想法和秘密。

盲点象限，是我们认知中的空缺，是别人知道，自己不知道的内容。比如，别人不好意思说的部分，如果涉及自己，可能就是自己的盲点。有可能自己不知道自己有自我的一面。这个就要开诚布公地请求别人给予自己反馈，这样才能消除自己的盲点。十多年前，笔者参加过一个三天两夜的与执行力相关的培训，其中有一个环节就是请团队的搭档轮流指出自己的不足。前提是带着诚恳，带着互相帮助的目的去做。

潜能象限，是自己不知道，别人也不知道的内容，代表潜力。潜力象限是这四大象限中最大的一部分，最值得去挖掘。

我们可以看到，两个人之间的关系越深，公开象限越大。自己最信任的人永远是自己。所以，如果我们要想改善和客户之前的信任关系，把与客户之间的信任关系提升到朋友的层次，就要不断地扩大自己与客户的公开象限。

怎么样扩大公开象限呢？将隐私象限的内容转化为公开象限，将自己的秘密、自己的想法主动透露给客户，让客户多了解自己。笔者切身体会，当一个朋友将自己隐藏多年的秘密告诉笔者之后，笔者首先感到这是他对笔者的信任。于是，我们之间的关系上升到了一个新的层次。将盲点象限的内容转化为公开象限，诚恳地请求客户指出自己的缺点，自己好去补足。和客户共同参与一个活动、一个项目，将彼此之前的潜能发挥出来。而和客户达成交易且不断地交易就是最好的将潜能象限转化为公开象限的方式。

潜能象限是最大的象限，上图故意将公开象限的框做大，其目的就是告诉我们，要不断地扩大公开象限，增进彼此之间的信任。

客户初印象

每个人的性格都是看不见、摸不着，但却可以感觉得到。有些人会让我们舒服，有些人会让我们难受，有些人会让我们喜欢，有些人会让我们厌恶。而作为一个销售，是没有权利选择客户的性格、决定客户的爱好的，有且只能去适应客户，才能建立信任。

把握客户性格

关于性格类型的划分，有很多种。在此，以大家普遍较为熟悉的 9 型人格为例：

完美型：原则性强，守承诺，守法，有影响力，喜欢控制，光明磊落。

助人型：温和友善，随和，含蓄，慷慨大方，乐善好施。

成就型：自信，精力充沛，风趣幽默，处世灵活，积极进取。

自我型：情绪化，多幻想，惧怕拒绝，占有欲强，我行我素。

理智型：温文儒雅，条理分明，表达含蓄，内向，欠缺活力，反应缓慢。

疑惑型：做事小心谨慎，机智，务实，守规，团体意识强。

活跃型：乐观，热心，喜欢活动，不停获取，多才多艺。

领袖型：自我，追求权力，爱命令，有正义感，主观，直觉性强。

和平型：温和，友善，随和，注意细节，不喜欢被支配。

性格本身并无好坏区分，不同的性格代表不同的思维方式、情绪和习惯。有不少的人会有多重性格，有一个基本的识别。思考哪一类性格的比重会更大，是主要性格，然后选择主要的应对方式。

没有确定好性格之前，简单的应对方式就是"对等模仿"，客户有什么特点，就去模仿什么特点。

确定好之后，按以下策略接触：

完美型：关注细节、计划，以理性、合乎逻辑、庄重的态度和他沟通。可以适时表现一些幽默感，说话要真诚、直截了当。

助人型：关注人际关系，对于他的接待表示感激，不轻易拒绝他。如果拒绝，必须明确理由，鼓励他谈自己的想法，告诉他你想知道的事情。

成就型：关注成果、效率，尽量配合他，告诉他，你与他是站在同一阵线的，提供产品或服务完全是在帮助他，不可批评他。

自我型：关注感觉、环境，密切地配合他，让他感觉到你是他的朋友，关心他，愿意支持他。不要过于理性化，对于他的成就给予称赞。

理智型：关注规律、事实，应亲切、友善，尊重他的界线。要求他做购买决定时，尽量留给他足够的决策时间。

疑惑型：关注风险、危机，注意倾听，表示支持他，和他站在一起。保持一致性，不要言行不一。不要批评他的多疑。说话必须真诚、清楚。

活跃型：关注自由、快乐，保持交流轻松愉快，倾听他的伟大梦想和计划，可以提供一些建议或参考。

领袖型：关注公平、权力，说话直接，尽量说重点，可以有适当的"冲突"或"争吵"。不要取笑或讥讽他，不可试图操纵他或说谎。

和平型：关注和谐，尽量倾听，并鼓励他说出自己的想法，适时表示赞美、认同。

找共同点

如果你找到了与客户之间的共同点，他们就会喜欢你、信任你，并且购买你的产品。事实证明，人们更愿意与容易相处的人做生意，能找到共同点，会很快消除紧张和陌生感。这也就是所谓的"臭味相投"吧。

把功夫用在销售之外，与客户聊工作以外的话题，寻找共同点，加深了解；对客户的经历和成就，表示由衷的钦佩和赞赏；对客户遇到的困难，在力所能及的范围内提供真诚的帮助；对由于个人原因产生的工作的疏忽，要勇于承担责任，以争取客户的谅解；对客户的帮助，报以真诚的感谢！

有的销售本身知识储备就不够，没有什么特长，客户又不是老乡，找共同点就很难。简单点的方式，就是先找到客户的兴趣点，然后自己去"恶补"一段时间，去人为打造一个共同点。

怎么样找到客户的兴趣点呢?

销售人员应当通过询问、调查、观察与分析，了解客户的特殊喜好、兴趣，这样在沟通中才能找到共同话题。

汽车销售员小王在一次汽车展销售上结识了一个客户，而且将公司的产品手册给了客户，客户也答应有时间会打电话，可一直没有任何回复。小王周末试着电话联系客户，客户说，平时都很忙，周末难得放松放松，要和朋友一起去射击场玩。

小王了解到这位客户酷爱射击，于是立即查找有关射击的资料，恶补了一段时间。再次通话是小王对汽车绝口不提，只是跟客户说自己发现一家设施齐全、环境优美的射击场，希望有机会切磋一下。一个周末，小王顺利地在那家射击场见到了该客户。客户对小王刮目相看，感慨自己找到了知音。在返回的路上，客户说自己特别喜欢驾驶豪华的越野型汽车。小王告诉客户，他们公司正好刚刚上市了一款新型的豪华越野汽车，并与客户约时间看车。客户便爽快地答应了。

客户的相貌、口音、饮食喜好都是销售人员可以把握的工作以外的话题。围绕这些进行突破，当相互认知和了解了，销售就水到渠成了。当然，发现了共同点，销售自己对此却一知半解，没说两句就"卡壳"了，不但对于整个谈话无帮助，反而会让客户觉得是不懂装懂，反而适得其反。所以，对于共同点，也要专门研究一下。

可能诸如上文的这个爱好比较"高端"，这样的客户并不多。但一些常有的体育爱好，如足球、篮球、羽毛球、登山、徒步等健康的生活方式，的确值得销售去爱好，一方面强身健体，另一方面可以培养兴趣爱好，积累各方面的知识，这样与客户沟通时就不会捉襟见肘。

展现自信与成熟

话说某公司在学校招聘销售。面试官很"残酷"，不入法眼的当场淘汰。学生小李还没有坐下，面试官司就对她说："你可以走了，你不适合这个岗位。"小李很震惊，也很生气，但她既没有离开也没有吭气，而是和其他三个男生一起坐下了。面试官司也没有赶她走，而是开始提问，结果那三个男生都被淘汰了。

面试官看着她说："刚刚已经说过了，你不合适，你怎么还没走？"小李终于开始宣泄"不满"了："我觉得你并不了解我，更不知道我是否适合这个岗位，我觉得我应该给人一个了解我的机会。第一，我非常仰慕贵公司，所以很郑重地投出了简历。第二，我觉得我有能力胜任这个岗位，因为我个人很喜欢销售，我觉得具有挑战性，能够实现我的抱负。第三，我觉得你很不友善，我虽然是来面试的，即使我不可能成为你们的员工，也可能会成为你们的潜在客户。"

面试官笑了笑，说：“你已经通过面试了。”

销售在销售工作中，会面对无数的拒绝，其态度有可能比上文中的面试官差很多。如果连面试官还算礼貌的冷脸都无法承受，就很难对销售中遇到的挫折应对自如。所以，必须对拒绝泰然处之，向客户展现出自信和成熟。

什么样的表现叫作有自信呢？

1.首先，穿戴整齐，给客户一种专业，有精神、积极向上的感觉。办公场所可以穿职业装，私底下见面就不要过于正式，免得给客户一种无形的压迫。

2.其次，有一个好的形象。不修边幅、垂头丧气、睡眼惺忪的表现同轻松愉快的表情、友善自然的微笑相比，当然是后者更容易让客户接受了。

3.要相信自己的产品和服务对客户是有价值的，实事求是地介绍给客户，不足之处也要正视，不能避而不谈。

4.要从容面对客户，不卑不亢。尽管大多数客户可能都比销售更成功，但作为销售还是不要有太大压力。要知道，他们也许就是比自己早成功一些，早有钱而已。

5.自信也要注意尺度，不要自以为是，不要过分“吹嘘”自己的服务和产品。

除了自信以外，销售人员还应有成熟的表现。成熟的销售关注的是结果，懂得调整情绪，更有耐心，这其实跟成熟的家长是差不多的。具体表现如下：

1.不怨声载道，满腹牢骚，尤其不能批评客户不讲道理，或抱怨公司。

2.在与客户沟通的过程中，发现客户不明白的地方，要反复、耐心地沟通。

3.不与客户争辩，因为赢也是输；不要批评客户的不正确观点，或表示不屑。

4.遇到难以回答和处理的问题，应该正面、积极地应对，和客户一起想办法去解决。

　　5．不要讲竞争对手的坏话。

　　6．遇到问题不要给自己找借口，敷衍、欺骗客户。

　　7．不要探听客户的隐私和客户公司的管理事务。如果客户主动跟你聊起，要做一名好的听众。

热情感染

　　假如有两个人，他们的性格特征有很多相似之处，都聪明、勤奋、谨慎、真诚，但有一点不同，一个对人比较冷，一个对人比较热情，你愿意同哪个人交往呢？相信大多数人都会选择后面一个。热情总是让人更容易接受，更能够引发双方的共鸣。

　　还记得沃玛的那个"三米原则"吗？

　　沃尔玛的"三米微笑原则"是由沃尔玛百货有限公司的创始人山姆·沃尔顿先生传下来的。每当他巡店时，都会鼓励员工与他一起向顾客做出保证："……我希望你们能够保证，每当你在三米以内遇到一位顾客时，你会看着他的眼睛与他打招呼，同时露出八颗牙齿，询问你能为他做些什么。"

　　热情会使对方感觉到亲切自然，会逐渐缩短销售与客户之前的距离，营造一个良好的交流氛围。只有这样，才能打动客户。

　　热情主要表现在以下几个方面：

　　第一，和客户说话要充满热情，引导客户谈论他最感兴趣的事情。

　　第二，对自己的产品和服务要充满热情。热情是有感染力的，如果对自己的产品和服务充满热情，就有一种自豪感，激情四射，就具有感染力。

　　第三，让自己的表情放松。灿烂的笑容能够让人感到轻松，能够缓解紧张气氛。即使是打电话，客户也能从听筒的另一端感觉到你的微笑。所以，尽可能地丰富面部表情。

第四，打电话时让声音显得热情，语调应该抑扬顿挫，充满激情，最好不要受到上一通拒绝的影响，音量、说话的速度和情绪跟客户同步。

第五，热情也要因人而异。有的客户就不喜欢和热情的人打交道，特别是过度热情，反而会适得其反。

客户拜访与交流

上文提到交女朋友，第一步要想办法去创造肢体接触的机会。如果连肢体都没有接触过，就不可能让关系升温。而"见面三分熟"是大家都懂的道理，如果销售连客户都没有见过，就很难谈交情了。

拜访请求

如果你希望有个好的拜访结果，首先，做好充分的准备。确定要拜访的客户，准备好客户的资料，将要说的话打一个大致的草稿，以免到时候不知道说啥。考虑拜访的时间是否会影响客户的正常作息（上班时间，可以选择上午 10 点左右或下午上班后不久；休息时间，选择下午或晚饭后到晚上 8 点之前）。电话一定要注意礼貌，打电话时最好是站着打（注意力比较集中，且中气十足，声音也会比坐着好听）。电话一定是要面带微笑（微笑着说话，能够使气氛比较轻松，传递愉悦的感觉）。不能一边打电话，一边做无关的事情（比如抽烟、吃东西，会让人感觉很不舒服）。电话中表示不会占用过多时间。电话接通后，礼貌地询问是否方便，让客户选择见面时间。要比客户晚挂电话，通话结束后要保留完整的记录。

其次，还要掌握好拜访的时机：当客户对原来使用的产品有意见，感到不满意时（解决问题）；客户暂时遇到困难，需要帮助时（雪中送炭机会）；客户心情愉快时；周二至周四之间去（周一会议多，周五没有心思）；下雨天或下雪天（恶劣的天气，更能显示出诚意）。

第一印象建立

乔·吉拉德说："你一生中推销的唯一产品就是你自己。"研究表明，销售人员失败 80% 的是因为留给客户的第一印象不好。

心理学有关研究表明，人们对他人在 7 秒内的第一印象可以保持 7 年，这种第一印象一旦形成，就很难改变。因此，是否给客户留下良好的第一印象，对于接下来的相互沟通相当重要。

如何做呢？

俗话说："佛靠金装，人靠衣装。"得体的衣着打扮对销售来说就显得十分重要。常用的商业着装要求：西装深蓝色、黑色；衬衣白色或蓝色；衬衣袖口超出西装袖口两指；衬衣领口与脖颈的间隙不超过两指；皮鞋是黑色，不能带鞋带；袜子要纯棉的黑色或深蓝色的，不能露出小腿。

小时候，爷爷总是告诉笔者，"要站有站相，坐有坐相"。除了服装外，姿势也能反映一个人的职业素养。

1．站姿。要头正颈直，两眼平视前方，挺胸平肩，上体自然挺直，收腹、提臀，双臂自然下垂，两腿挺直，双腿张开与肩等宽。

2．坐姿。坐下前要轻拉椅子，坐下后上半身与桌子保持一拳的距离。上身保持直立，肩部放松，手交握于膝上，或一手放在沙发或椅子扶手上，另一手放膝上，两腿并拢，双眼平视。

3．走姿。速度和客户保持一致，头正颈直，两眼平视前方，挺胸平肩，上体自然挺直，双臂收紧，自然摆动。

4．眼神。不能长时间注视客户，注视的时间大约占 50% 即可，眼睛转动的幅度要以注视客户的整个上身为准。

5．手势。上界不超过对方的视线，下界不低于自己的胸，自然亲切，用柔和的曲线手势。握手时，男士稍重，女士稍轻，表情要自然，面带微笑。

除此之外，还要注意以下事项：

1. 不要等到快下班了才到客户那里拜访，影响客户的正常作息的拜访注定是不被欢迎的。

2. 不要佩戴过于艳丽的首饰、过于名贵的手表。

3. 不要使用浓香型的香水。

4. 要保证头发和指甲修剪整洁、干净。

5. 不要在客户办公室抽烟。如果拜访之前抽过，一定要立即洗干净，不要让外衣和皮肤上留下烟味。不要在见客户时嚼口香糖，喝饮料。

6. 准时赴约，如果确实由于交通原因不能准时，必须事先告知。

7. 问候时，最好能称呼对方的姓名和职务。

8. 要通过赞美，让客户的某种虚荣心得到满足。

9. 不要暗示你是正好经过他的公司，即便真是，也要说是专门拜访。

10. 客户没有请你入座前，你最好站着。

11. 不要急于出示随身带的资料、书信或礼物。当你提及这些东西并引起客户兴趣时，才是出示它们的最好时机。

12. 要保持语速和缓，不要说话不清。

13. 话不能一次说尽，要留有余地，不要说大话、空话。

14. 不要东张西望，也不要做小动作，尽量平和地直视对方。

15. 不要有不良的动作，比如玩弄小物品，梳理头发，清牙齿，掏耳朵，盯视指甲、天花板或客户身后的字画等。

16. 提前将手机音量调到静音状态，不要接听无关或非紧急电话。

17. 告别语应适当简练，避免在临出门时引出新的话题。发现客户有不愿意聊的意思后（比如坐姿从 2/3 的位置变成了 1/3 的位置就是要离开的意思，眼神总是往门外看同样如此），就要尽快地结束会见。

18. 每次会见结束，都要为下一次的拜访做好铺垫。

19. 会见结束时，要带走自己的物品，不要丢三落四的。

如何利用他人的影响力

有这么一个段子，话说在美国的一个小村庄中，有一个老头和三个儿子，大儿子、二儿子都在城里工作，小儿子和他在一起，父子相依为命。有一天，一个人找到老头，想要把他的小儿子带到城里工作，老头拒绝了。这个人说："如果你答应让我带他走，我可以让他娶到洛克菲勒的女儿，你觉得怎么样？"老头想了想就同意了。

这个人把老头的小儿子带到了城里，然后找到洛克菲勒，对他说："尊敬的洛克菲勒先生，我想给您女儿介绍一个对象。"洛克菲勒说："你给我滚出去。"这个人又说："如果我给您女儿找的对象是世界银行的副总裁呢？"洛克菲勒同意了。

然后，这个人找到世界银行的总裁，对他说："尊敬的总裁先生，您现在应该任命一个新的副总裁！"总裁摇摇头说："我已经有很多个副总裁了，为什么还要任命一个呢？"这个人说："如果你任命的这个副总裁是洛克菲勒的女婿呢？可以吗？"总裁答应了。就这样，老头的小儿子既娶了洛克菲勒的女儿，又当上了世界银行的副总裁。

这就是"名人效应"，这种效应可以充分应用到销售策略中来，让你认识的知名企业的名人帮助你达成销售的目的。

王先生，您好，我是×××的朋友，我叫×××，是他介绍我认识您的。前几天，我和他通电话的时候，他还说您是一个特别豪爽、喜欢交朋友、和蔼可亲的人，他说他一直非常敬佩您。他还特别叮嘱我，如果拜访你，务必代他向您问好。

因为客户每个人都有"不看僧面看佛面"的心理，即便客户不一定会立马跟你交易，至少会对你比较客气，会增加对你的信任，因为物以类聚、人以群分，有认识的人中转一下，总是不错的。

同样，你还可以用 FABE 法则中的方法，证明自己的实力。举例著名的公司，以他们使用你的产品的效果作为例证。

但通过这种方式，进行销售的过程中，也应该注意以下几点：

1. 一定不要大肆宣扬你认识某名人，比如和某公司的领导的亲密关系，那样只能招致客户反感。

2. 装作"无意识"地提及第三人，比如："你说得真有道理，上次 ××× 公司的 ××× 也和我这么说过，可惜当时我没有弄明白。"

3. 以退为进引出第三人。如果客户对你良好的表示称赞，你可以谦虚地回答："你过奖了，很少有人称赞我，上次和 ××× 公司的 ××× 一起吃饭的时候，他还批评我，给我提意见呢。"

4. 要实事求是，不可胡编乱造。你所提到的第三个人或公司必须是真实的，不然万一穿帮了，你就彻底失去信任了。

5. 提出实物做证。为了取信客户，如果你能出示第三人的名片、其他知名公司的优秀供应商证书、知名公司的合同等，就能辅助证明自己的话的可信度。

建议开发客户，要先把同行业的客户一起开发，同地区的客户一起开发，这样你举出的 ××× 公司的 ×××，知名度就会更高，更容易让客户感知。

为客户着想

为什么，很多客户抱怨销售人员"奸诈"呢？那是因为他们中的大多数都有过被销售人员欺骗的亲身经历，或者他的亲友有过类似的经历。

的确，有一些销售人员在销售的时候，不是千方百计地满足客户的需求，替客户着想，而是处心积虑地"对付"客户。结果，让其他销售人员受了牵连。那种依靠不法手段欺骗客户的销售人员，简直是自掘坟墓，是不可能可持续发展的。

所以，销售人员首先要遵守职业道德，顾及个人和企业的声誉。

1. 不能片面地为了追求销售，不考虑客户的实际需求，怂恿客户购买。

2. 要符合客户需要，不要花言巧语地诱导客户购买价格最高的产品，不断地拿一分钱一分货来说事。

3. 不要瞄准客户需求谎报产品价格，不要客户看中了哪件产品，就说哪件产品的价格合理，质量最好。

4. 不要恶意攻击竞争对手和购买竞争对手产品的客户。

话说，有一位大学生，一连几天每天中午都会买一个馒头，这引起了老板的注意。老板怕他每天只吃一个馒头会营养不良，于是就偷偷地在馒头里加了奶油和一个煎蛋。他想，当这个学生吃到鸡蛋时，知道有别人在关心他，肯定会很感动。

不一会儿，那个学生来了，怒气冲冲地大声质问："这个馒头怎么回事！为什么会有奶油和煎蛋？把我整张画都弄油了，我画了几天的画都让它毁了，现在我连作业都交不出来，你叫我怎么办？"原来，这个学生买馒头是用来擦画纸上的污迹的。学生走了，再没有到那里买过东西。

笔者相信老板真是出于对那个学生的关心，可偏偏好心办了坏事，坏就坏在他没有去了解客户的真正需求。销售往往也有类似的经历，一厢情愿地在主观上认为客户来购买你的产品简直是"打着灯笼都难找"的好事，于是费尽唇舌地向客户介绍，结果客户却一点不领情。

销售要好好地想清楚，是否真的是出于对客户利益的考虑，而不是单单考虑自己的提成。在面对客户的时候，销售的立场并不等于客户的立场，一定要多沟通。只有耐心倾听客户的意见，在了解了相关信息后，从客户的角度出发，真正替客户着想，客户才会被你感染，把你当朋友看待。

有的时候，客户的需求比较模糊。有的时候，他认为自己需要的产品事实上并不适合自己，他不看好的产品倒是可能真正地满足他的需要。因此，销售要根据客户的实际需求在沟通中真诚地向客户提出建议，去找到到底"电钻"和"锤子"哪一个才是客户的真正需要。

客户："我觉得这套咖啡色的木质家具看起来比较大方，而且我也比较喜欢木质的东西。"

销售说："请问你家的客厅面积有多少平方米？如果客厅不是很大的话，不妨考虑旁边那套比较小巧一点的家具。"

客户："我家客厅有 30 多平方米，应该能放得下。"

销售人员："您看一下这套家具的宽度，放在 30 多平方米的客厅里，空间是不是显得有些狭窄呢？你觉得这套家具放得下，其实主要是因为我们这个展厅比较大。实际上，这套小巧玲珑的家具更适合年轻人，而且价格也比刚才那套低得多，你觉得呢？"

本例中的销售在向客户推荐产品的时候，就没有哪个贵，哪个提成高，他就推荐哪个，而是向客户提供建议，推荐那些能够满足客户需要、价格合适的产品。一般的销售可能想，反正东西是你要买的，贵的提成多，不合适也是客户自己的问题。在前文中提到的药店把杂牌药作为主推的案例的销售就是这样干的。

在此，笔者想要表明的是，销售可以作为行业的一股清流，真正地让客户认可，愿意和自己交朋友。

当然，做生意是一定要赚钱的。所以，唯一的方式就是双赢。

朋友的公司向供应商采购了一批芯片，但供应商由于种种原因，没有按时交上货，导致朋友的公司只得出高价从其他的供应商那里采购，好给客户交货。供应商就把定金足额退给了他，并且还承担了高价从其他供应商那里采购的差价。后来，朋友见人就夸供应商简直就是行业的一股清流，跟这样的公司合作，是放心得不要不要的。

请问承担了额外差价的供应商亏了吗？

坚持与客户交往

销售要想与客户达成深度的合作，一定会经历由浅到深的各个阶段。这个阶段往往不会一帆风顺。作为销售，你必须学会坚持，做到"剩者为王"。

正确看待拒绝

销售这个职位之所以区别于其他的职位，其实最重要的就是拒绝。每个人对拒绝或多或少都会有恐惧，这是人类的共性。与其让这个恐惧支配着你，不如把最坏的情况列出来，看看这个最坏的结果到底有多可怕，能把你怎么样。一般来说，最坏的结果无外乎就是被客户骂一通，恰巧又被别人看见。

话说，有一个女业务员进客户公司，就看到客户正在对手下的人发脾气。客户见到她之后，直接叫喊着让她滚出去。她笑了笑说："好的，陈总，我马上就滚出去，一会儿再滚回来！"过了一会儿，她真的又回来了，见到客户后，笑着说："陈总，正如我刚才所说，我又滚回来了。"结果，客户很热情地接待了她，并向她道歉，说不应该把对员工的火发到她头上，然后认真地听完了女业务员的介绍，最后签了单子。

销售都是从被拒绝开始的，就算你被客户赶了出来，颜面扫地，又怎么样呢？面子是不值什么钱的。在自己的家乡父老面前，你需要争回面子，因为那是很多人努力的最原始动力。那也是你的起始点，无论走多远都不应该忘记最初的路。其他的同学、同事等，在毕业或换工作后很多关系会慢慢淡化。因此，在同学、同事、朋友面前，面子都不重要，何况陌生人，丢了也没啥大不了的。

　　某个快餐创始人在第 1010 次推销的时候，才听到了别人的第一声"同意"。

　　某个电影明星在成名前，拿着他的剧本四处推销，一共被拒绝了 1855 次，才遇到一个肯拍这个剧本的电影公司。

　　你知道他们是谁呢？

　　前者是肯德基的创始人桑德斯，后者是电影明星史泰龙。在这些名人取得辉煌成就前，所经过的被拒绝的次数都远远地超出了常人的想象。那么，他们成功前的推销有意义吗？答案是肯定的。

　　假如你今天打 20 个电话，最后 1 个获得了联系方式，那怎么样看待前 19 个失败呢？你之所以第 20 次取得了成功，是因为你打了 20 个电话，并不单单是最后一通电话的成功，应该把每一个电话的价值平均分成 20 份，也就是每个失败都带来了二十分之一的成功。

　　没有哪个销售没有被客户拒绝过，这是一个"菜鸟"到高手的必然要经历的过程。杰出的销售往往能乐观、积极地看待拒绝，并从中反省、检讨，不断地进行自我修正。拒绝都有哪些好处呢？

　　1. 拒绝可以帮助你了解客户，通过拒绝你才能获悉客户的真正想法，找到客户之间的需求差异，比如客户的脾气、爱好和习惯。

　　2. 拒绝能够帮助你了解公司和产品。有时候，客户拒绝销售介绍时过多地用了"不清楚""不了解""要问经理或公司"，专业知识不足以让客户信服。客户的拒绝等于告诉销售哪里有不足。

　　3. 拒绝能帮助你了解自己。也许你在某个时间点，正春风得意，变得目中无人，觉得说服客户是小菜一碟，而忘记了要以什么态度和身份面对客户，客户的拒绝无疑是给自己泼了一盆冷水。让自己冷静，虚心检讨。

4. 对于客户的拒绝理由，既不要消极对待，也不要草草收场。消极肯定起不到作用，草草收场也会让客户觉得没有意志力。仅仅在意念上跟自己说"客户拒绝是好事"是没有实质的帮助的，还是要积极分析，找出拒绝的原因，然后采取有效的措施。

平衡决策人之间的关系

在客户的内部，按照不同的权限和功能，可以分为不同的职能部门。客户的购买行为，往往都进行团队决策，不同的决策参与人的需求不同。因此，在销售和推荐过程中，应该分别关注和满足每个人的需求，这样才能促进销售。

所谓决策人，是指最终在购买合同上签字的人，可以是采购主管、副总等，他们一般的职位比较高，对产品的投入产出比更为关注。对决策人，你应该提供一些证据，通过准确的数字告诉他你的优势。

财务人员最关心公司的预算、制度，在销售之前要了解客户的采购预算、采购制度、财务制度等。

支持者，比如客户公司的门卫、前台、秘书。他们的需求其实很简单，只要你向他们表示你的尊重、礼貌和友好就可以了。提醒大家注意的是，越是枯燥、无聊、收获低的岗位，越需要尊重。看看军队是怎么做的："卫兵神圣，不可侵犯。"对于最枯燥的卫兵，连最高领导都需要敬礼以示尊重，并提高到神圣的地步。对于支持者，大家往往容易忽略，但请相信我，他们不易成事，但易坏事。

技术人员，他们最关心的是产品的质量、技术的先进性。因此，面对技术人员时，主要从其他公司的方案入手，给他们提供参考，方便他们选型，打造有市场竞争力的产品。

归根到底，使用者最关心的是产品的操作是否方便、是否安全简单、能否减轻他们的工作量。因此，他们的使用体验也很重要。

销售人员应该善于向"权力先生"推销。所以，销售首先要弄清谁是影响销售达成的关键人物，并有效地影响他们。

在一些中小企业，你的客户可能就是公司的老板，有权力拍板是不是要购买你的产品。因此，不要和他的员工过于火热，用友善、礼貌的态度对待即可。

在客户的组织中，总有一些人，他们不一定具有实际的决定权，但他们的支持和反对意见总会或多或少地影响销售业务的开展，甚至决定销售的成败。他们往往从使用、质量、财务等方面做出评价，这些评价极有可能被"权力先生"采纳。

另外，客户公司有其固有的内部关系网，比如上下级、平级的工作关系，他们之间的关系也必然存在着亲疏远近，甚至有可能相互对立。因此，你需要准确把握客户决策人和其他相关人员的关系，当心掉进客户内部关系的"雷区"。

提升客户的满足感

人类总是"懒"的，能简单方便的，绝不会愿意复杂。所以，应该尽量不要让客户过多地付出。能够在交易过程中做多少事情，就做多少事情，千万不要在乎一点的得失。比如，你可以尽量简化购买手续，告诉客户"剩下的工作完全交给我们来做"。这是提高客户满足感的一个重要举措。

假设有一个先生去一个城市出差，找了一家大饭店要住下。门口的一个服务员告诉他要到第六营业部。他来到第六营业部，工作人员让他填表办手续，有姓名、籍贯、出生年月、来本市的原因等总共40项。好不容易填完了，工作人员说到四号楼保卫室登记。本以为登记完就可以了，没想到又得填表，这回连身高、体重、手指上有几个斗都得写。填好表，值班室又让他到保健室登记。然后又到会计室，结果等全部的表都填完了，回到前台一问，服务员说没房了。

说实话，再好的脾气这个时候也会炸起来。在计划经济的时代也许会发生，现在根本不可能。当然，这只是假设，只是为了说明一点，繁杂的手续只会让所有的客户远离。

电子商务之所以流行，主要的原因就是可以简化交易的环节，提高经营效率。而那些 VIP 通道，一方面是对重点客户简化流程，另一方面是为了满足客户的虚荣心，让客户产生优越感。

客户在交易前会有顾虑，交易后同样会有。笔者相信每个人都有过买了东西之后后悔的懊恼。所以，千万不要认为"交易已经完成了"就万事大吉了。如果不及时消除客户的懊恼，会严重影响客户的口碑和后续的消费。

首先要搞清楚为什么客户会感到不满足。比如，期待的结果没有发生，所以不甘心；承诺没有得到兑现，感觉到被销售欺骗了；担心售后问题等。

交易过程中，针对以上的不满，销售要找替代方案，对那些不能实现的客户要求（比如超长的账期、超严厉的合同条款），用其他的方式补偿，比如"真是不好意思，这个我们暂时还做不到，不过我们可以……"。

交易结束后，我们对客户许下的承诺一定要全力实现，在客户购买后，及时兑现承诺；对于承诺的事情，有一是一，必须准确地执行且不打折扣；所做的承诺必须百分之百地兑现。如果因为一些不可预测的状况或失误，无法兑现，必须及时地道歉和补救，不要认为只要客户不追究，就可以蒙混过关。

"王小姐，真是对不起，我刚刚发现，当时你购的那款产品现在库存不够了，实在很抱歉。不过，我们库里还有另外一批产品，功能完全相同，而且我们可以保证质量，只是在型号上有一些差别，我们可以赠送您一些零配件，您看可以吗？"

无法兑现客户承诺而进行道歉和进行补救时，应注意以下几点：

1. 要保持诚恳的态度。

2. 对于提出的补救措施，必须委婉地向客户进行询问，是否可行，必须在客户明确地表示同意后再实施，千万不可自作主张。

3. 补救措施，最好是那些能够让客户感到增值的服务性措施。

4. 补救措施必须优于承诺过的条件，以免再度引起客户不满。

5. 不要只顾客户高兴，而不顾公司的成本。

客户出现问题并不可怕，如果能处理得好，反而能改善与客户的关系。笔者听朋友说过，自己联系客户一直都是不温不火的状态，却因为一个问题单加深了跟客户的关系。究其原因，就是让客户看到了他对问题的负责任的态度，出了问题他的补救还远超承诺。他开玩笑地说，现在客户就巴不得他出问题呢。

强化客户关系的纽带

销售漏斗，想必不少人都有听过。其实，除了销售过程的每步都有转化率以外，客户的数量也像沙漏一样，随着时间的流逝而逐渐流失。你有三种选择：一是不断地向"沙漏"里装更多的"沙子"（不断地开发客户）；二是想方设法堵住"沙漏"，让里面的"沙子"尽可能少地漏下去（建立深度的合作关系）；三是把漏出去的"沙子"重新装回"沙漏"。很明显，这三种方式相比，第一种和第三种的难度显然更大，更费时费力。所以，第二种方式是相对更理想的，也是最重要的。一旦你通过沟通加深了客户的关系，竞争对手想切入，也会像咱们开发客户一样困难。

怎么样加强跟客户的关系呢？

客户已经对为了短期利益，一锤子买卖的交易深恶痛绝了。所以，销售要向客户传递长期合作的理念和意向，让客户意识到与公司合作能够获得长期利益。还要分析短期合作给客户带来的不利，给客户带来资源和成本的浪费，使客户感受到你十足的合作诚意。

最大限度地满足客户，包括产品和服务的满足及心理需求的满足，让客户切实感觉到你的产品和服务已经超过了他的期望值。以各种理由向客户赠送礼品当然没有问题，只是这种意外和惊喜应该合情合理，恰到好处。

客户的女儿以优异的成绩考上了很好的大学，客户准备邀请学校的老师、亲朋好友庆祝一番。销售员知道后，经公司批准，以公司的名义给客户打了个电话，送上诚挚的祝福，并告诉客户："公司为了祝贺令嫒取得优异成绩，特意安排了一箱五粮液作为您宴请宾客的礼品酒。"之后，及时将酒送到客户处。没过多久，客户竟然主动提出把合同延期。

跟客户保持适当的联系，让客户时刻感觉到你在关注他，但也不要过于频繁（一周一次为宜）地给客户打电话，以免打扰客户。

沟通的方式应该是双向的沟通，对客户的朋友圈进行走心的评价，以争取互动的机会。

主动地自我完善，以便主动适应客户需求的变化（比如大批量采购变成小批量采购，确保客户的可得性）。

主动地定期拜访客户，能增进彼此的了解，积极地扩大公开象限。

认真倾听客户的意见、建议和抱怨，真正重视起来并做好满意度调查。

提供差异化服务，这种服务必须是竞争对手难以替代的，这样才能让客户依赖。

对客户的价值要有一个清醒的认识，进行 A、B、C、分类，放弃"鸡肋"

型客户，以便腾出精力服务好 A 类客户。

关键对话

说到对话，每个人都会想：对话，我还不会嘛。可是，那种火星撞地球式的对话，真的适合我们用在客户身上吗？关键的时候会不会越谈越糟呢？笔者相信大多数人都有类似的经历。

为啥一到关键时刻总是掉链子？什么情况下的对话叫作关键对话？

关键对话（本书第二十二个思维模型）应用场景，通常用在事情如果处理不好，后果会很严重、现场的情绪很激烈、分歧很大的时候。像升职、加薪、相亲、谈判等重要的场景下，用来解决关键问题。

关键对话的现状，正如人怕黑暗这个现象，是从远古带来的记忆一样，同样是在远古人类发生危险，精神状态会立即变得紧张，需要逃离现场，血液自动流向四肢，大脑会在一段时间内缺少供应，就会突然出现一片空白。因此，人只要在紧张的状态下，说话就不过大脑，要么就有失风度，要么就选择逃避。其结果大多数都不太好。

关键对话的目标，能坐在一起对话的双方，一定会有自己的目标。更确切地说，一定会有共同的目标。对话的双方都要牢记此次对话的意义，如果一时忘了，想发脾气，要冷静下来思考一下对话的意义。

1. 此次对话，我要达成什么目标？

2. 此次对话，我要为对方达成什么目标？

3. 此次对话，我要为双方的关系达成什么目标？

4. 为了达到以上的目标，我该怎么做？

第二章给大家举了化解父女之间冲突的案例。假如说，你是案例中的父亲，你跟自己的女儿对话，你的目标可能就是让女儿认为我是一个关心她、爱护她的好爸爸。你女儿的目标就有可能，让爸爸理解我。你要为父女之间达成的目标就应该是改善父女之间的关系。如果你要大吼大叫，用家长式的命令去跟女儿沟通，我可以肯定的是，这些目标，你一个都实现不了。如果沟通的时候发现情绪不对，立即要停止对话，想不清楚目标，不如不要开始。

关键对话的原则，任何一件事情，在目标的框架下，都应该有其原则，没有原则的对话，是不可能达成目标的。对话的双方应百分之百地互相尊重，百分之百地互相坦诚。高高在上的命令绝对不是平等，也不可能是坦诚。尊重就像空气，有它的时候，我们没啥感觉；一旦缺少了它，立马就受不了。所以，任何情况的对话都不能缺少尊重。

调整好对话前的心态。古人有云："极怒时莫与人书，极喜时莫与人物。"大意是：当你愤怒时不要给你写信，因为写的全是责难、批评，表达的是不满甚至是骂人，这显然只会将关系搞得更糟；当你很开心的时候，不要随便送人礼物，因为极有可能，送完了你后悔，又不好意思要回，最后你只能去懊恼。所以，这两种状态下是不适合进行关键对话的。同时，生气只是把自己的过错推责给别人的一种表现。比如孩子把东西打坏了，你生气一顿，说："看跟你说了多少次了，不要乱动，你就是不听。"看，这样完美地把责任推给了孩子。孩子的天性就是爱动，如果是很重要的物品，你为什么不放在孩子拿不到的地方呢？如果硬是要追责，其实是你把东西放在了不恰当的位置。

不同的家长在遇到同样的事情上，表现往往会完全不一样。举个例子，学生考试过后，一定会有考 90 分的学生，回家后被父母骂，说怎么不考 100 分；一定也有会考 60 多分的学生，回家后被爸妈夸奖，说儿子你真棒，比你老爸我强多了。为什么同一件事情，会有两个不同的结果，一个父母生气，一个父母开心？心理学家提出情绪 ABC 法则，A 代表事情，B 代表看法，C 代表压力。意思就是同一件事情导致两个结果，不是由事情本身会带来压力，而是由人们对事情的看法带来压力。生气的父母正是觉得孩子应该考满分，如果考不到就不满意，正是这个看法让他们生气。墨菲定律告诉我们："有可能发生的事情，一定会发生。事情发生了，我们不能改变事情，但我们可以改变对事情的看法。所以，愤怒的情绪并不是非有不可。"

情绪比内容更重要。我们都知道抑扬顿挫的语气会具有感染力，语气本身就是情绪，也可以理解为一种沟通的氛围。在安静平和下沟通，跟大吵大闹的沟通相比，很显然前者才有可能达到沟通的目标。当氛围不对了，就要立即停止沟通，等气氛缓和了再开始对话。如何缓和气氛呢？学习了关键对话的人更应该主动地去调整，可以采用以下步骤：

首先，如果自己表现得过于强势，就得改正过来，主动道歉："我刚才太着急了，我向你道歉。"因为没有人会愿意跟一个永远不认为自己有错的人进行对话。

其次，做对比说明："我跟你沟通是希望……我不希望……"

最后，强调我们都是为了一个共同的目标："我们都是对事不对人，彼此对对方都没有意见。"切记不能只沟通分歧，不沟通共同的目标。有的人总会说，相同的意见，我们就不谈了，只谈不一样的地方。这样显得太霸道，容易引起反弹。大家回想一下，有没有犯过类似的错误。说实在的，绝对的对事不对人存在吗？正因为不存在，所以才需要不断地强调共同的目标，让双方都回到目标上，为共同的目标负责。

等气氛缓和了，再回到对话的过程中。

允许不公平的存在，对话的双方不要追求公平，而要追求目标的达成、事情的解决。就像上面提到的父女之间的沟通一样，孩子抱怨父亲不理解自己，对父亲发脾气。父亲如果要追求公平会做什么，一定是发脾气给孩子，对吗？可一旦这么做了，能达成父亲的目标吗？有助于事情的解决吗？显示不会。所以，对话中，通常是孩子和心智不成熟的人才追求公平，而强者是为了追求事情的解决、目标的实现。其他的都不应该是强者思考的内容。

当然，在对话中，如果是自己先发脾气了，就要先撤出对话，想想目标，并不断地用深呼吸加点头暗示自己平复自己的情绪。

在前戏做足之后，终于要开始对话了。

老板：小赵，你最近怎么老是迟到呢？你这样影响很不好。

小赵眼睛一转，心里想，什么叫老是迟到呢？我旁边的小李迟到比我还多，为啥不说她，偏偏说我呢？

显然，小赵心里特别不服气，可能碍于面子，没有直接爆发出来。大家注意到上面老板的话，出了什么问题呢？就像老婆跟老公说："你从来不关心我。"估计老公心里也会有同样的抱怨："什么叫我从来不关心你啊。"大家有没有发现，无论是老板还是老婆，在说这句话的时候，用的都是形容词的描述"老是""从来"，还有大家再熟悉不过的"天天"，对吧。问题就出在这些形容词的描述上，因为不同的人对形容词的定义是不一样的，所以就很难让人信服。

老板如果这么改一下："小赵，我看了人事给我的考勤记录，你这个月迟到了6次，你以前一年11个月能拿到全勤，请你解释一下什么原因。"这样的话，小赵面对事实，也只能一五一十地解释，闹不好，还得做个保证。同样，老婆跟老公说："老公，你这个星期只陪我和孩子吃过一顿晚饭，然后，你跟自己的朋友吃了四次，公司聚餐了一次。我感觉你对我和孩子的关注，还不如你对朋友的关注。"这个时候，老公估计心里得"五味杂陈"了吧。

所以，关键对话的第一步一定是基于事实的数字化的描述。

前一段时间，儿子发高烧，填了各种表，最后负责安排的护士小姐跟我说："先生，请等一下，医生一会儿就来看病。"我等了十分钟，又去问她："护士小姐，我等了十分钟了，医生还没有来，请问我还要等多长时间？"护士还是说那一句"请再等一下"。我不满地问道："多久是一下，是十分钟还是十五分钟，你就不能给个具体的时间吗？"

想必大家着急上火的时候，对这个"一下"是没啥好感的吧，因为人们对"不确定性"的东西有一种天然的恐惧感。所以，沟通中要极力地避免不确定性的发生，比如同事去找你需要帮助，你手头上正在忙，那你跟他讲"我十分钟后去找你沟通"，比起你说"我等一下去找你沟通"要好得多。

事实描述清楚了，对话的双方都没有疑义了，接下来第二步才开始通过对比表达自己的情感或真实的感受（以前你的做法，我是什么感受，现在你的做法，我又是什么感受，别人是什么的做法，我的感受是啥），坦诚、真实地感受，才能走心，才能引起对方的共鸣。

王先生，咱们到今天为止认识了三个月多一天。这期间，我为你报了10份 BOM① 单的价格。所以，我也是感谢您对我的信任，才让我有机会给您报价。我是本着和您长期合作的目标去给您报的价，所以利润率也就是5%左右。我相信，我报的价格可能在你这里，有高于你的接受价的，也有低于你的接受价的。到目前为止，您还没有给我下过一个订单，我也不知道是不是小弟哪里做得不好，也请王先生指教一下。我们采购在帮我处理您的询价过程中也出了力，他报了价之后，也会要我的反馈，我一直跟他说没有单，我感觉他有些失望。相反，采购处理的其他客户的询价都或多或少有些订单下过来，所以他对其他客户的询价明显积极性更高。

基于这些情况，我也感受到了压力，同时也觉得我的价值没有得到体现，这让我感觉很难受。我希望王先生能适当地给小弟一些鼓励，给我些订单，也好让小弟有更大的动力为您服务。

王先生听了销售的一番"真情告白"，也确实觉得小伙子很不错，就说："以后我会给你一些订单的。"

---

① "BOM"，Bill of Material 缩写，意为物料清单，它是定义产品结构的技术文件，又称为产品结构表或产品结构树。

总结下这个案件，首先对客户表达到感谢，并说明了共同目标是长期稳定的合作。在此过程中，描述了完整的事实，并通过对比表达出了想法和真实的感受。然后，这个对话的第三步表达出自己的希望，希望得到支持，好让自己更有动力。如果销售以这种方式跟客户进行沟通，客户至少不会反感，多少会考虑给销售一些鼓励。

在关键对话的过程中，如果某一个观点（客户的盲点）被我们说出引起了客户的思考，我们还要重复关键对话的步骤，再来一个第一、第二、第三。同样地，如果客户提到一个我们的盲点，我们也要重新思考，然后再来一个第一、第二、第三，不断地重复，直到问题的解决。

关键对话是一个工具，可以当成一个小流程，和沟通的 R6 一样，彼此之间可以搭配着使用。大流程是 R6，小流程用关键对话，解决到具体的方案，还需要用批判性思维去质疑，但批判性思维又不负责构建，负责构建的是需要提出建设性意见时的冲突图和 DCE。

把客户变成朋友，是客户关系管理一直要努力的方向。本章所讲的内容旨在让大家在基本的框架下，不犯错误，或少犯错误。尽量让客户关系的加深过程更短，销售人员自己的为人处世，经验证是正确的方式，也可用在客户关系的探索上，不会与上述方式有任何冲突，可以放心大胆地试。

建议大家将以上客户关系加深的整个过程都体现在 CRM（客户关系管理）系统上，即便是没有 CRM 系统，也要手动做一个 Excel 版的客户跟进表，详细记录客户的基本的信息、性格、应对方式。

本章小结

本章主要讲利用沟通视窗加深关系的原理，通过不断扩大公开象限的方式，将客户关系往朋友的方向转化。针对不同客户的性格差异，给出不同的应对方式；拜访客户的准备及要应对的要点；如何通过关键对话的方式不断地与客户保持交往。

关键字：沟通视窗、公开象限、对等模仿、影响力、关键对话。

读者可以思考一下：自己跟客户从陌生到朋友的过程中发生了哪些关键的点？这些关键的点，你都是如何应对的？这些应对，有什么经验、有哪些教训可以总结出来，又是什么原因导致了关系的改变？

第七章

成长型的组织

绩效新认知

一切管理的开始都是基于一个基本的假设，组织为什么需要管理？因为组织本身不会自己达成结果，加上人们总是会假设组织是复杂的，有很多未知的东西，有许多不确定性与冲突，所以组织需要管理才能达成其所要的结果。我无数次听到企业家谈论起管理就说是管理一门艺术，其实也是基于管理是复杂的，有很多未知的东西，有许多不确定性与冲突这个假设得出的结论。

而科学发展有两个基本原则，即固有简单性与固有和谐性。科学方法是有勇气面对期望与实际结果的不一致性并挑战此不一致性结果存在的假设。通过不断实验，去得出输入与输出之间的逻辑关系。假如在一定的流程规范操作这个输入下，能得出必然的输出结果，那就认为输入与输出之间存在因果关系。

而管理呢，也是建立在心理学家已经得出的并给过验证的 PMB（人类行为基本规律）基石之上的一系列操作，是心理学在企业经营当中的应用。它切切实实是一种社会科学，也必然遵守特定的规律。举个例子，在特定的环境下，两个人在激烈争吵，突然其中一个人挥手打了另一个人一巴掌，另外一个人怎么反应呢，想必大家应该都能猜得到。把特定的环境下，两个人在争吵，其中一个人挥手打人当作输入，输出的就是我们猜的结果。

部门绩效必须同公司绩效一致

本章主要就是为了解决：如果我们想要好的输出，那么应该做出怎么样的输入。

那么，什么是好的输出？部门绩效好，公司绩效一定好吗？作为中层管理者，是应该关注部门绩效，还是应该关注公司绩效？如果公司的中层只关注部门绩效，作为高层应该怎么办？

回到上面一个问题，笔者相信一定会有不少的朋友感同身受。老板认为公司的中层管理怎么就不能有点大局观呢，只顾着自己的部门，跨部门的协作简直是乱透了，每次都得自己协调，不然项目就得延期。中层管理人员会不断地抱怨，我们连自己订的部门绩效目标都完不成，哪里还有精力去管其他部门的事情呢？

以钢铁行业为例，我们一起来看以下案例。

在全球的钢铁业里，成品库存太高了这一现象，比你所在的产业还要严重得多。一个中级规模的钢铁厂在它们的仓库里约有二十五万吨成品。这是个很大的数量。提醒大家，钢并不像酒一样会越陈越香。事实上，当你和钢铁厂高管谈起时，他们承认，他们不知道生产比较多的是钢还是铁锈。这是个大问题。

其他的问题是什么呢？是市场，现在你所看的市场，情况很糟。在钢铁业，你很容易发现什么是糟糕的，就是你常在电话中所接到的顾客抱怨。不像别的工业，钢铁业有一点不同，超过95％的抱怨是同一个问题，而且这些抱怨是激烈的。问题就是："你答应要交货，却没有准时交货。"首先，你可能会问，既然成品库存有这么多，你说"答应要交货"到底是什么意思。

为什么他们没有立刻把货运送出去呢？情形是这样的，当你向钢铁工厂订购一些东西时，他们的确有近二十五万吨的钢铁在他们的仓库里，但不是你要的那种。比方说，如果你跑到一家韩国钢铁工厂要买钢板，他们会告诉你要六个星期。如果你跑到欧洲钢铁工厂，他们也会告诉你要六个星期。如果你跑到美国钢铁厂，他们还是会告诉你要六个星期。因此，你没有选择，你必须等六个星期！结果，他们交期绩效是60%。换句话说，60%的情况，他们会在六个星期内或更早交货。剩下40%，他们会延迟交货，甚至有可能拖到15个星期。

那么，为什么会有这样的问题呢？这要追究钢铁工厂客户的性质。假设你是这家钢铁工厂的大客户，而你是造钢铁桥的。为了造一座钢铁桥，你得用到两百种不同的钢板。事实上呢？准时得到一种钢板的概率是大约60%。如果是这样，那么同时准时得到两种钢板的概率有多大呢？0.6乘以0.6，换句话说，大概是36%。同时准时得到四种钢板的概率有多大呢？它是0.36乘以0.36，这次大概是10%。准时得到八种钢板的概率有多大呢？1%。准时得到两百种钢板的概率有多大呢？比赢得乐透彩券还小。但如果缺了一片钢板，你就无法将桥完成交给你的客户。你可以想象我们所说的愤怒抱怨了，难以相信。

到底是为什么呢？

"长久以来，每小时生产吨是钢铁业的主要生产绩效评估。"那就是钢铁业的事实。过去一百年来，钢铁业是以吨／小时作为主要的绩效评估。每一个工作中心、每一个部门、每一个工厂都用相同方法评估。昨天、上星期、上个月、上一季、去年，你每小时生产了多少吨，这就是主要的评估。当然，还有次要的评估，如准交率、报废率。但是，如果你达成你的季吨／小时，纵使犯了大错也没关系。如果你没达成，那其他的也不重要了。那就是主要评估的意义。

而另外有个事实：多数人会依照绩效评估的方式来决定他们的行为。现在来看看发生了什么事。人总是知道如何在社会中生存。如果我们同意长久以来吨／小时是钢铁业的主要生产绩效评估，同时我们也同意多数人们依据被评估的方式来表现，我们不可避免地会发现钢铁业的生产部门的确会设法提高吨／小时绩效。

但在钢铁业里，多数部门有些项目每吨生产的时间比其他项目少。熔钢由高温炉流出，我们要把它压制成钢板。所以，我们将熔钢导入到压铸部门，在那里有巨大的滚轮将熔钢挤压成板状钢板。现在假设我们想要生产2英寸钢板，我们必须将它挤压成 2 英寸。另一方面，我们可能想要 1 英寸钢板，那么我们必须将它再进一步挤压。如果我是被以吨／小时来评估，我要怎么样才能得到较多的吨／小时？是生产两英寸钢板，还是生产一英寸钢板？你不是天才也能回答这个问题，对吧？

如我们所说的，大多数部门有些项目每吨所需的时间比其他项目少，而且各部门会尽可能地去达成每小时最大吨数绩效，那么无可避免的结果就是钢铁业为了达成其每小时最大吨数绩效，会倾向于生产快速的项目而牺牲较慢的项目。

现在，交期绩效会怎样呢？正确的优先次序又会如何呢？让我们看看。假如你是我喜爱的一个客户，你在我寄发票给你之前就付清你的账单，是非常好的客户。而你订购了半英寸厚的钢板。又假设你并不是最好的客户，我必须催你五次你才付账单。但是，你却订购了 2 英寸的钢板。你猜谁有较大的机会先得到？毋庸置疑。这不是做生意，只是追求最大的吨／小时。你看到整个优先级被扭曲了。

假如为了满足客户的交期要求，工厂花上千万引入一套计算机系统。计算机系统告诉你，"你必须做半英寸厚钢板"。而你是领班，你知道如果你做半英寸厚钢板，你这个星期的吨／小时将会非常糟。你会做吗？你会找到一千个借口说为什么不能做，而你仍会生产 2 英寸钢板。这就是人性。你看到了吧，交期绩效已不重要了。

而没有生产就是每小时零吨。各部门会设法达成最大的吨／小时绩效，因而在钢铁业，我们不可避免地会发现，为了达到最大的吨／小时绩效，即使短期或中期内没有市场需求，各部门也会倾向于生产存货。成品库存不可避免地会发生哪些状况呢？

工厂花上千万引入一套计算机系统，就一定会强迫企划员依照预测来跑计算机程序。"预测"的意思就是"依照预测做计划"：中短期内我没有足够的订单，也要按照以往的销售数量生产。而每增加一次换线会降低吨／小时的绩效。假如是你生产这些钢板，而且你负责滚筒部门，现在滚筒正在生产 2 英寸钢板，而你想要生产 1 英寸钢板。现在你必须重新调整全部的滚筒。这可不容易。即使现今最好的技术也要耗费近 3 个小时。因为如果你不好好地调整它们，你一片钢板也得不到，你会得到波浪似的钢板。在你调整这些滚筒的 3 小时之中，每小时生产了多少吨呢？零吨。然后，你看看这一类钢板的订单，下个星期这一类钢板厚度总共只有 3 个小时的工作。你会换线，3 个小时没生产，然后只生产 3 个小时，然后再换线一次吗？如果你做了，那下个星期你就不再是领班了。这表示你不会只为下星期而生产。那么，两个星期怎么样？如果两个星期的总订单是 5 小时，你知道你会怎么做吗？你会为你的孙子生产，为什么不——越多越好呀！

由于部门设法达成最大的吨／小时绩效，那么"每多换一次线会减低吨／小时"会导致什么不可避免的结果呢？"为了达成最大的吨／小时绩效，部门会将可增大批量的订单拉到前面来做。"以成品库存来说，不可避免的结果是什么呢？存货增加。交期绩效又如何呢？就让它等，没有问题。

钢铁工业是 V 型工厂，生产的过程有许多分歧点。什么是 V 型工厂？什么又是分歧点？在钢铁业，第一个工作站是这种巨大的熔炉，我们只生产几种钢，就算两种吧。然而，从同种类的钢，当我们进到下一个部门时，譬如说生产钢板的部门。从同种类型的钢可以生产 2.5 英寸，或 2 英寸，或 1 及 3/4 英寸，或 1.5 英寸，或 1 英寸的钢板等。你现在看到分歧点了吗？这就是所谓的分歧点。而分歧点的意思是——一旦你做了，你就无法再回头。举例来说，我们已生产了 2 英寸的钢板。第二天早上，我们说，哎呀，我们应该生产 1 英寸的——太迟了。为什么呢？钢板已硬了。为了要把它再次熔融，我需要另一个不同型式的熔炉。

同样的情形在下一步骤也会发生。例如，通常下一步骤是表面处理。同类型同样厚度之钢板，我可以只是加以清洁，虽然一点也不简单，或者将之镀锡或镀铬或镀锌。你是否再一次看到分歧点呢？下一步骤通常是把钢板切成所要的尺寸。同类型同样厚度相同表面处理之钢板，我可以把它切成譬如说70英寸宽的钢板或65英寸宽的钢板或60英寸宽的钢板。现在，你了解为什么我把这种结构称作 V 型工厂了。事实上，你们之中许多人都了解到你的产业，即使与钢铁无关，也是一个 V 型工厂。总共只有四种结构：V、A、T 和 I。

假设这种情形下，我需要70英寸的10吨、65英寸的5吨、60英寸的5吨——换句话说，同型之钢板，同样厚度，相同表面处理。我现在全部的订单是这种尺寸总共10吨，5吨别的，5吨其他的。假设物料经理做得非常好，他了解整个情形，准备了11加6加6足够的材料。11加6加6是多少呢？是23，现实里叫作以防万一，或其他类似的东西，或某些更具体的。现在注意了，你是负责钢板切割部门的领班。你有巨大的锯子。记住，你不是在裁纸或布，你是在切割厚钢板。这些锯子非常大，它们以很快的速度旋转。要把这样一把锯子装到定位要一番功夫。因为如果你没有把它正确地调整，不仅是你会伤到钢板，更糟的是——你可能把锯子弄断。而如果锯子在如此快速旋转的状态下断裂，有人可能会受重伤。以今天最佳之技术，我们估算大概要两个小时。在你做调整之前，你要检查。你检查什么呢？你检查材料是否在那里。举例来说，你要做这个尺寸——60英寸——要做5吨。首先，你检查是否有足够的材料。是的，你找到材料了。

现在，我的问题如下，记住要将5吨的钢切成所要的尺寸大概要两个小时。换线就要两个小时。如果你是领班，你会切多少吨呢？你是否只切5吨呢？10吨？够了吗？不，请给我一个刚好之数字。23？为什么是23呢？因为那是我仅有的，要不然我就切它50吨，不是吗？我切得越多，我表现越好。所以，我切了23吨，5吨运交给客户，其余18吨则送到成品库存。为什么不呢？

但也许明天在我的工单上，或者后天，或者三天之后我会再生产此项目。好吗？一样的材料，一样厚度，一样的表面处理，不一样的尺寸。我将查看我是否有材料。我有多大机会可以看到材料？什么都没有，零。那我该怎么办呢？我会拿起电话打给物料经理，我会告诉他我对他们的意见。而他们会回答我他们对我的意见。美妙的人际关系就出现了。你是否注意到我正在谈的是什么呢？注意什么是不可避免的情况。

"为了达到最大的'吨/小时'绩效，许多部门会采取'偷料'的行动。"我们并不怕工人会把一吨的钢放在他的口袋带回家，没有人怕那个。我们所谈论的是——此材料是为此目的而备的，但在分歧点的某一点，有一位领班为了提高他的绩效，却偷了材料，用在别的地方。也许是必要的，也许是某人需要的！在这种情形下，库存会如何呢？增加。交期绩效会怎么样呢？下降。有这么多被调拨走，那回收期会多长呢？永远无法回收。

人际关系会怎么样？设身处地地想象你在物料经理的位置。他们现在知道同样的事会一再发生，而且害怕有人会偷料。信任是不存在的。

为什么这个存在一百多年的考核方式，有这么大危害，管理层都不知道改呢？是他们笨吗？

不可能。我们明白为什么不应该以每小时吨来作为主要绩效评估。我们不明白的是，什么原因迫使这些人一直用它呢？一定有一个很好的理由——不管怎样他们知道，至少直觉上——他们必须继续使用每小时吨。

换句话说，当你在自己的单位看见某事很糟，看见有些不想要的结果，别去找笨的家伙，也别去找不在乎的家伙，更别去找那些低能儿却仍被晋升的家伙。去找出那些将人们卡在石头和困境间的事实，一定有某种冲突迫使他们去做。

这个冲突是什么呢？迫使钢铁厂经理使用每小时吨数的冲突，影响所有作业的冲突。

让我们看看他们所面对的冲突。

你看到作业经理的目标，事实上每一个经理的目标都是要做好管理。我不知道有哪个经理每天来工作时会说道："我今天要如何把事情弄糟？"虽然我知道不少经理每天早上一来就把事情弄得一团糟，但他们不是故意的。做一个好的经理是什么意思呢？如果你仔细看，你会发现为了要成为一个好经理，你必须确认两件事同时发生。你要成功地做到两件事。其中一个是，"做一个好经理"，你必须"不断努力地减少浪费"。你停止努力两个月，浪费就会增加。每个人都想要更多。他们要更多机器，更多这个，更多那个，无穷尽的浪费会让你的公司破产。你必须不断地努力减少浪费。但问题在于，什么是最大的浪费？让我来告诉你，大多数人眼中最大的浪费是什么，不是报废。

举例来说，我们花了一百万元买了这机器，但它一星期只动了一天。那是个浪费。或者，我们付了所有的薪水，加上福利及健康保险给这些人，而他们只工作了百分之五十的时间。那真是个大浪费。我说得对吗？那是否意味着有最大的浪费？有没有？

这意味着，为了要持续减少浪费，我们必须以效率作为主要的评估。我们必须拿出评估告诉人们，诱导人们不要站在那里偷懒。"工作！那些不工作的——我要把它找出来，以便知道如何处置。"为什么我必须这样？因为资源的闲置是主要的浪费。所以，这是我使用效率做评估的原因。让我问你，在钢铁厂中，用来评估效率最自然的方式是什么呢？每小时吨数。所以，他们一点都不笨嘛。

同时让我们了解别的，为了要成为一个好经理，你还有其他要件必须遵循。要"成为一个好经理"，你必须"不断努力地增加产出"。市场上的竞争越来越激烈，我们的客户越来越挑剔。我们必须更快速地交出他们所要的。今天，我们90%准时交货，他们却会埋怨。我们必须找到做得更快的方法。但是，为了要"不断努力地增加产出"，想都别想用效率作为评估，因为它会破坏产出，会导致公司的整体绩效变得糟糕。

一方面，我们必须以效率来作为评估。另一方面，上帝禁止我们使用它们。现实是每当我们有冲突，你知道我们怎么做吗？我们妥协。我们在现实中所见到的并不是纯粹的每小时吨，即使不是钢铁业也一样。我们看到妥协。妥协是什么呢？

每小时吨，每小时吨，每小时吨，直到有一个重要客户打电话来。然后，突然之间，它启动了另一个叫作优先系统的机制。你知道优先系统吗？

它叫作"急""很急"："把每一件事放下，现在就做这个！"

重要的事是了解组织里人是最棒的，比任何计算机都要来得好。你在现实中所见到的妥协，可能是你所能想象中最好的动态妥协。人们做妥协完美极了，随时调整的数据多到你没有时间来把它们输入计算机中。举例来说，上星期，你应付客户的声调及对他所做的，你调整得非常巧妙。

我们在做最佳的妥协。组织里的人可以把妥协做到无懈可击。问题在于，即使我们处在最佳的妥协状况，我们还是有一些主要的不良结果。

譬如说，库存量太高，交期绩效离满意程度还远得很，投资回收期很长，人际关系就别说了。

以上内容节选自以色列物理学家、TOC（约束理论）创立人高德拉特博士的卫星演讲。用一句话概括就是："你怎么考核我，我就怎么做；如果你的考核不合理，那么我的行为很疯狂就没有什么好奇怪的。"

他认为："我们对复杂系统的恐惧，驱使我们将复杂系统分割成许多较容易管理的子系统。例如，我们将复杂的组织依功能分成数个易于管理的部门，指派管理者负责每一个部门，同时告诉他们努力改善与追求自己部门的效益，此导致转移管理层精力到追逐局部最佳（做了不该做的事情，同时没有去做该做的事情），无法与整体目标一致（失去整体性），最终浪费管理层精力。"

彼得·圣吉在《第五项修炼》这本书中也写道，"自幼我们就被教导把问题加以分解，把世界拆成片片段段来理解，这显然能够使复杂问题容易处理，但无形中我们却付出了巨大的代价——全然失掉对'整体'的连属感，也不了解自身行动所带来的一连串后果。"

当公司的高层发现中层没有大局观，只想着部门绩效的时候，作为高层就要衡量一下，对于中层的绩效考核指标是否恰当。比方说，为贸易行业的销售部门设置业绩考核标准，达到目标给予丰厚的奖赏，似乎大家都看起来正常。那为采购部门设立的采购目标考核，也还说得过去，那为财务、为人事、为物流设置业绩考核在很多人看来就显得多余了。

我们知道，贸易公司的发展的瓶颈就在于销售，其他所有的部门都要围绕着销售的、客户的需求进行调整，无条件配合，这无可厚非。但是，如果公司的高层确定了公司的整体的绩效目标，其他各个非销售部门一定会按照这个整体的绩效目标执行吗？有为其他部门设置公司的总体绩效吗？公司业绩的好坏能直接反映到其他的部门的绩效上吗？

在笔者看来，非业务部门也要享受公司业绩发展的红利，承担公司发展不利的后果。只不过，非业务部门的在公司业绩发展的占比上比业务部门的要低得多。只有这样，非业务部门才有积极性和配合销售开展业务，而不是被动地不情不愿。如果没有享受红利的权利，何必要承担配合的义务呢？一句话来概括：部门绩效要和公司的整体绩效目标一致。

非瓶颈环节的闲置不浪费

本书第一章中，详细地描述了瓶颈资源的重要性，瓶颈的产出将决定整个系统的产出。所以，企业要尽力保证瓶颈的使用效率最大化。

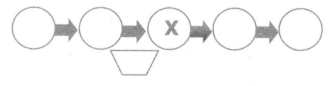

图 7-1

如上图 7-1 所示，要让 X 资源（瓶颈）100% 使用，所有非 X 资源必须比 X 资源有更大的产能。这个产能是保护性产能，如果 X 资源一直没有波动，那么非 X 资源一定会有闲置的时候，它的闲置不会影响到系统的产出。所以，非瓶颈资源闲置不是浪费，不是资源闲置，操作人员同样会闲置。人员闲置了怎么办？向军队学习一下，大多数的时候是没有仗可打的，军队在干吗呢，训练，磨炼技能。

组织不和谐的根源

除了绩效考核方式的不合理导致人际关系的紧张外，组织不和谐的根源还有以下几个方面：

不知道自己的贡献，许多人真的不知道（不能清楚地表达）他们如何做及做些什么对公司来说是必不可少的。所以，他们觉得自己得不到重视，普遍价值感就不强，自我实现的需求就得不到满足，就没有工作的动力。

不知道别人的贡献，大多数人真的不知道他们的很多同事是如何做事的，及做些什么对组织来说是必不可少的或者是有贡献的。基于现实中的确存在混日子的同事，所以他们总觉得其他人都很闲，都无所事事，只有自己天天忙得不亦乐乎。从人性的角度来讲，人们往往忽视同伴的付出。所以，在这种情况下，他们不愿意配合其他同事的工作。

组织的冲突，人们常常在冲突下工作。例如，短期任务和长期任务的冲突、职位的冲突、政策的冲突与资源分配的冲突等（图7-2）。

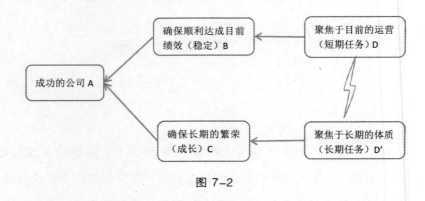

图 7-2

个人的冲突，工作职责与授权落差。当那些应负责完成什么工作的人，却没有权力去执行与做决策时，我们都知道会导致许多救火与沮丧不和谐，更何况去考核对个人来说，难以把控的事情会让人无所适从。比如，我们常见的将其他部门员工的留存率作为对人事的一个主要的考核去做。这对人事来说，无疑是悲催的。因为可能他们经过千般努力，都抵不上其他部门领导一句不负责任的官僚主义言辞来得有威力。我们也很少有听过，员工的离职是因为人事的不负责任。如果说员工的离职非得要人负责任的话，除了部门的直接领导负主要责任外，其他的各个部门都有责任。

　　许多人仍被要求继续做毫无意义的工作。人们的直觉非常强大，足以察觉到这一点，但不一定能清晰地向别人或上级反映这一点。长期做这样的工作，既不会成长，也会消磨目标感。定期的轮岗可以充分保持存有这些困惑的人员的工作热情。

组织的核心价值观

你所在的企业会不会存在以下情况：老板在开会时责备营销部，这个月业绩目标又没有完成；营销部说，部门人员短缺，很多业务没法开展，于是把皮球踢到人事部那里；于是，人事部门经常忙于招人，好不容易招来了，没几天又走了，于是人事部又责怪营销部门不会培养，形成恶性循环，于是插科打诨的人根本就不敢开除。这也就是我们常说的，"招不来，干不好，留不住，走不了"。

每个部门都觉得自己有道理，于是组织之间的关系搞得风声鹤唳。老板表示自己太难了，每天疲于处理这些乱七八糟的关系，部门的领导换了一拨又一拨，状况似乎没有什么改变。

这里给大家讲个笑话。说在一次会议上，总经理问大家，最近的销售不理想是何原因。营销经理说：最近销售做得不好，主要是因为竞争对手纷纷推出新产品。研发经理反驳说：最近推出的新产品是少，因为我们的研发到位资金少得可怜，巧妇难为无米之炊。财务经理说：削减了你的预算，是因为公司的原料成本在上升。采购经理跳起来：采购成本上升是因为俄罗斯一个生产铬的矿山爆炸了，导致不锈钢价格上升。面对此情此景，总经理只有无可奈何地苦笑："这样说来，我只好去考核俄罗斯的矿山了。"

尽管这是个段子，但它告诉我们，在企业中呢，每个人都倾向于把问题推卸给其他人，都认为"我工作做不好是其他人的错"。确实，一个系统当中各个问题都是紧密关联的。我们想象一下，如果我们都认为问题是别人造成的，我们会花心思去思考解决方案吗？如果大家都这样想，组织的问题有没有可能得到解决呢？问题不解决，企业有没有可能持续发展？

高德拉特博士在发明 TOC 理论之初就提出了组织的基础信仰：内敛、双赢、尊重。

什么叫内敛

任何企业的问题之间存在因果关系，顺着因果关系一定能找到造成各种问题的核心问题。解决了核心问题，其他问题就迎刃而解。这给企业管理者一个很大的启示，能不能抓住企业的核心问题，能不能聚焦于核心问题，决定了能不能快速有效地解决问题，决定了企业管理能否简单化，决定了企业家能否轻轻松松做老板。内敛就是告诉我们一定要聚焦到核心问题，如果你没有找准核心问题，而是就问题解问题，企业管理注定非常复杂，不但辛苦，而且没有成效。

同时内敛呢，其实还有第二层含义。当问题发生的时候，不要老想着推卸责任，而是要内敛。内敛就是从自身找原因，想想是不是我的问题，想想是不是我们部门的问题，是不是我们部门内部采取一些措施、推动一些改善就可以解决这些问题。

什么叫双赢

当我们面对所有的问题、矛盾、冲突时，都要想办法双赢化解，不要寻求妥协，因为妥协的解决方案往往不可能双赢，而不能双赢的事物通常不能长久。

　　笔者接触过一个做连锁直营店的老板，他发展遇到了一些瓶颈。于是，这个老板就动起招商的念头。一年的时间，招了一千多家。保证金、货款就收了五千万，他当时很高兴。可是好景不长，货也供不上，服务也跟不上，销售也不好，承诺的东西无法兑现。加盟商都找上门来，要求退款。这位老板只能玩消失，把公司搞垮了，他再也发展不下去了。

　　我们说企业若想做大、做长远，就一定要寻求双赢。如果说企业赢而客户不赢，客户不干。客户赢，企业不赢，企业也坚持不了多久。同样，在企业内部，员工和老板之间也要追求双赢，一赢一输，合作也难以持续。所以，一个企业如果想基业长青，要做百年老店，必须树立双赢的观念，要寻求双赢解决方案，唯有双赢才能持久。

什么叫尊重

　　尊重就是当别人的做法和行为与我们的愿望不一致时，我们要尊重对方，要始终坚信事情终会朝着好的方向发展。很多企业管理者都抱怨，员工的素质差、难管理。尤其是现在的"80后""90后"，稍有不顺心，就给你撂挑子。人都是好的，没有人会拒绝改变。人之所以不愿意改变，不愿意按照我们制定的政策干，是因为他没有看到这个改变能给他个人带来什么好处。

　　所以，企业要发展，就要变革。要变革，就要获得支持，获得合作。我们必须尊重员工，尊重合作伙伴的感受，尊重他们的利益，同时让人看到改变给他带来的好处。这就是尊重。尊重就像是空气，有它的时候，我们没啥感觉；一旦缺少了它，立马就受不了。

　　大家可以自己做个测试，我们提倡团队的文化要内敛、双赢、尊重，关键对话中，我们要求对话的双方都要以互相尊重为前提。现在，我们就以尊重为例，测试一下大家对于尊重的认知。你可以问团队的成员，大家认为什么是不尊重的表现。看下大家对这个问题的回答有啥不一样。

　　基于每个人的地区文化的差异，可能有些人认为你大声说话，就是不尊重，有些人认为大声说话不算啥。声音大到什么样算是争吵，争吵会不会影响到两人之间的关系等，在每个地区都有很大的区别。

　　所以，我们必须对团队成员对基本原则的认知达成共识。我听到有人说："你让我不爽，给再多的钱，我也不干这工作。"这句话是理性的声音，还是感性的声音呢？我相信，这一定不是所有人的共识。

　　和销售工作中的沟通需要先达成共识一样，企业内部的管理也可以看作是企业内部的"销售"，只不过销售的东西更多的是思想。

合适的人干合适的事

"招不来，干不好，留不住，走不了"，这是人力资源管理"招、选、育、留"中最核心的痛点。谈到组织管理，就不可避免地谈到人力资源管理。

"招不来，干不好，留不住，走不了"，这四个简短的三字短语本身就是自带逻辑的。因为干不好，没有好的收益，好的人员就很难留得住，于是企业总是处于缺人的状态，于是没有能力的人员也不敢轻易辞退，总是凑合着用。彼得原理告诉我们，人总是在自己不能胜任的岗位停留下来。那企业的业绩就可想而知了。业绩不好，就更拿不出有竞争力的薪酬，而导致招人的困难。于是，导致恶性循环。其最根本的原因就在于"干不好"。

在解决人员"干不好"的问题之前，首先要确定的是这个人是否适合干这个工作。比方说，想要在树上摘果子，就得找猴子；想要老老实实地耕地，就得找黄牛。让黄牛去爬树，显然是不可能完成的任务。

结构化选人模型

本书主要是讲营销，我们就以营销人员来举例，来建立一个挑选出合适的销售的模型。当然，这个模型得分两部分，一部分是入职之前的选。

1. 通过逻辑测试，筛选出逻辑思考的深度达标的应聘者，题目为：怎样用一个 11 升的杯子和一个 7 升的杯子倒出 2 升的水来？（水无限，杯子没刻度）如果想降低或增加难度，可以把数字进行调整。

2. 测试性格出应聘者的性格。菲尔人格测试就是一款大家普遍适用的测试卷。

3. 办公能力测试，如办公软件的操作的测试、打字速度的测试，英语语言能力的测试等。根据办公的需要进行测试，效率太低的应聘者慎重考虑。

4. 结构化面试主观评价，采用同样的问题。举例：你如何看待客户的拒绝？你可以预见的销售工作的难点是什么？记录求职者对同样的问题的回答，录入电脑系统。为不同的答案打上不同的标签，比如当听到拒绝的回答是"客户开发出来了，是我赚的，没有开发出来，被拒绝，我又没有损失什么"一类的回答，可以打个标签为：对拒绝没有负担。其他的情况则打上不同的标签。这个过程坚持几个销售成长的周期，然后对照已经证实为成功的销售的标签，从而分析出，什么样的回答，可以作为选择销售的初步面试条件。

5. 背景调查，经历的偏差会让前期的面试前的筛选工作变得没有参考价值。所以，务必调查求职者过往的工作经历及主要业绩是否与其简历上的一致，还能考查求职者是否具备诚信的品质。

另一部分是入职之后的检验。

1. 入职培训及职业素养的培训由人事部来做。培训过后，安排写培训总结，从总结中提炼关键要点，录入系统中。观察员工的行为，考察员工是否接受公司的价值观，是否能通过培训提高自己的思想认识，提高了认知后，又是否能应用到工作表现中。比如，工作沟通五步法、关键事件优先级方法，是否在学过后会应用。

2. 产品培训及销售技能培训后总结，由销售部门组织并安排写培训总结，从中提炼出关键要点，录入系统中。在开发客户的过程中，看员工是否会应用。

3. 入职后每个月做一次全面的评估直至转正，对比以往已证实成功的销售在不同时期的表现，看是否符合销售成长的模型（图 7-3）。

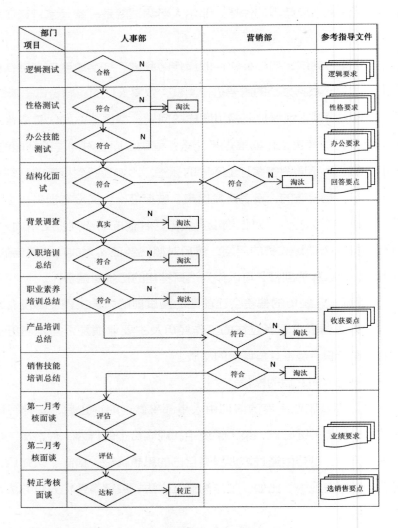

部门 项目	人事部	营销部	参考指导文件
逻辑测试	合格 N		逻辑要求
性格测试	符合 N → 淘汰		性格要求
办公技能 测试	符合 N		办公要求
结构化面 试	符合	符合 N → 淘汰	回答要点
背景调查	真实 N → 淘汰		
入职培训 总结	符合 N → 淘汰		
职业素养 培训总结	符合 N → 淘汰		
产品培训 总结		符合 N → 淘汰	收获要点
销售技能 培训总结		符合 N → 淘汰	
第一月考 核面谈	评估		
第二月考 核面谈	评估		业绩要求
转正考核 面谈	达标 → 转正		选销售要点

图 7–3

　　以上流程在初始的时候，可能在每个环节并没有数据去支撑选销售的要点。最开始的时候，我们可以依照经验拍脑袋搞出一个大概的要点，打一些看似没有道理的标签。但经过几个销售成长的周期，就能收集出一定的数据。在这些销售中，你总能找出几个顶尖的销售人员。对他们的成长过程进行数据分析，就能大概率地找出几个关键的要点，然后反过来对原本通过拍脑袋得出的要点进行迭代，迭代的次数越多则越精准。

无论如何，你都无法百分百保证没有优秀的销售人员"漏掉"此流程。只能尽力提高我们识人的效率和准确性，避免仓促转正。否则，半年后才发现所选非人，那时处理起来可能很麻烦。另外，一旦模型打造得完美，新人中出现了和顶点销售类似的标签，公司就该去特别关注这个新人，给予其培养精力和政策上的特别支持，可避免优秀的人员流失。

给予正确的工作方法

PMB（绩效测量基准）人类行为基本规律告诉我们：人只有观念的改变，才会导致决策的改变，有了决策的改变，才会带来行动的改变。所以，观念的改变是至关重要的，也只有通过培训和学习才能做到。

本书就是致力于给营销人员观念的升级，就是为营销人员准备的培训教材。举个例子，逻辑为什么会这么重要？那是笔者发现顶尖的销售无一不是逻辑的高手，一点即破，能很快地洞察先机，掌握客户的需求。这也是为什么笔者花了大量的篇幅去描述如何提高自己的逻辑思维能力。这也是为什么混沌大学专门靠哲科思维就收获一大批企业的高管去学习。

工作沟通五步法

在实际的工作中，我们经常会遇到上级给下级部署工作。作为领导，我们是否会发现以下情况经常出现在我们的工作沟通上：

1. 布置给下属的工作三天了都没有回应。

2. 我不是说得很清楚了吗？

3. 不要让我说第二遍！

4. 你拿不准要来问我啊？

5. 我是领导，照我说的做！

6. 什么都问我，要你做什么？

7. 我不对的地方，你要质疑啊！

我们来一次情景再现：

老板：小王，交代你一个任务 ×××。

小王：好的，老板。

三天后，老板：小王，我交代给你的任务，怎么样了？

小王：我做好了。

老板：做好了，怎么不给我一个回复？结果呢？

小王：结果是 ×××。

老板：结果怎么会是这样的呢，我不是说得很清楚了吗？不要让我再说第二遍。

小王垂头丧气地走开了。

三天后，老板：小王，怎么样了？

小王：我做完了，不过做的过程中，有些不确定。

老板：做得又不对，你拿不准你要来问我啊！

小王：好的，老板，我去改。

次日，小王：老板，你交代的任务，是不是中间要 ××× 做啊！

老板：什么都来问我，我要你做什么啊！

小王：但是老板，我这样做发现有点不对啊！

老板：有什么不对的，我是老板，听我的。

几天过去了，事情搞砸了，客户非常不满。

老板：小王，你怎么搞的？

小王：老板，我是按你说的去做的呀！

老板：我说得不对的地方，你要质疑啊，要动动脑子嘛！

这就是我们在日常工作沟通中出现的问题。员工问吧，说不该问；提出问题吧，说按笔者的来；出了问题，说不去质疑。员工怎么做，怎么错。这里的老板，有可能就是各个部门的负责人，也有可能是真正的老板。如果我们都是以这个水平沟通，可想而知，我们的员工得有多么崩溃。有这样的领导，优秀的员工想留住都难。

以前做咨询时接触过日资企业的管理层，当我们询问他们和上层领导的关系的时候，他们私下里向我们吐槽：日本人不是人，看不起我们中国人。为什么他们看不起中国人了？他们交代一个事情时，往往要说上四五遍，生怕我们听不懂似的。我听一遍就够了，你看这还不是瞧不起人？他们其实不知道的是，他们对日本的下属也是这么说的：

老板：小野，交代你一个任务×××。

小野：好的老板。（转身要走。）

老板：你回来，重复一下，我布置给你的任务。

小野：老板你让我做×××。（转身又要走。）

老板：等一下，你知道不知道，我让你做这件事的目的是什么？

小野：我知道，是达到×××的目的。（转身又要走。）

老板：别慌，出现什么情况下，你应该向我汇报，哪些情况下，你自己做主？

小野：老板，这几种情况下，我向你汇报；其他情况下，我自己做主。（转身又要走。）

老板：再等一下，这是我交代给你的任务。如果是你自己去做，你要怎么做？

小野：我觉得，如果我自己做这件事，我计划×××样做。

老板：你的方案更好，出现这种事，你向我汇报，其他情况下自己做主。去做吧，做完了给我结果。

我们思考下，如果按这样子去沟通，是不是员工可以大概率地做到领导想要的结果。

来总结一下以上的沟通的五步法（本书第二十三个思维模型）：

1. 将自己要求下属做的工作讲给下属听（部署工作）。

2. 请下属重复一下自己交代的工作内容（复述工作）。

3. 询问下属是否知道为什么要这么做（要达到的目标）。

4. 交代下属哪些情况下必须向自己汇报，哪些情况下下属自主做决定（充分授权）。

5. 询问下属"如果不是我的安排，你自己处理，你会有什么办法"（主动思考）。

我相信每个员工希望能遇到这样一个好的老板，但如果老板实在不会，你是员工，你学到了这个方法，你该如何办？

那作为员工，你应该这么做：

第一步，主动用自己的话去复述老板的任务，问理解得是否对。

第二步，跟老板说，我觉得做这件事是不是要达到 ××× 的目标，如果错了，老板会告诉你的。

第三步，跟老板说，哪些情况下，自己会向老板汇报，哪些情况下，自己做决定。

第四步，跟老板说，这件事情，如果完全是我自主去做，我会 ××× 去做，并说明理由。

笔者之前就遇到过一个员工，就是以类似的方式跟老板沟通，老板无数次地表扬他说："人家 ×××，你交代一个任务，你说一条，人家会回答出五条以上的，好多内容，我自己都不曾想过。"

他是一名销售，业绩不是最好的，但笔者却多次听到老板谈到，他就是公司最好的销售。当然，他的收益也是不菲的。作为一个员工，如果能以这种方式跟老板沟通，等着你的一定是升职加薪。

关键事件优先级

我们或多或少都遇到过多任务的时候。如果处理不好，就会让人觉得理不出头绪，继而影响工作的情绪，产生不必要的压力。

那么，多任务有什么危害呢？我们来做个实验。完成下图中的三个任务。

任务 1 是写完 1 到 26 个数字；任务 2 是写完从 A 到 Y 26 个字母；任务 3 是按○□△的顺序依次写完 26 个。

先体会一下多任务时的状态，要求：计时开始，不看下图，按任务 1 写 1，任务 2 写 A，任务 3 写○；然后再返回任务 1 继续写 2，任务 2 写 B，任务 3 写□；然后再返回任务 1 写 3，任务 2 写 C，任务 3 写△（把下图的书写任务按一行一行的来写完）。直到全部完成任务，停止计时。看自己完成全部任务耗时多久？

任务 1	任务 2	任务 3
1	A	○
2	B	□
3	C	△
4	D	○
5	E	□
6	F	△
7	G	○
8	H	□
9	I	△
10	J	○
11	K	□
12	L	△
13	M	○
14	N	□
15	O	△
16	P	○
17	Q	□
18	R	△

19	S	○
20	T	□
21	U	△
22	V	○
23	W	□
24	X	△
25	Y	○
26	Z	□

图 7-4

再体会一下单任务时的状态，要求：计时开始，不看上图，先把任务 1 从 1 到 26 竖着写完，再把任务 2 竖着写完，再把任务 3 竖着写完（把上图的书写任务按一列一列地来写完）。全部完成停止计时，看自己完成全部任务又会耗时多久？

我们惊奇地发现，前者的耗时是后者的数倍。为什么？我们有没有发现，我们干一件工作，干到正起劲，突然被老板叫去处理别的事情，等处理完别的事情，回来后再来干时，思绪完全没有了，你又得花不少时间去厘清思路。对于此现象，TOC 理论称之为"不良多工"（本书第二十四个思维模型）

我们在工作中要学会拒绝多任务的工作，把一件事处理完，再去做另外一件事，避免掉入多任务的效率陷阱中去。假如你正在忙，有同事请求协助，你可以这么跟他讲："你急不急，如果不急的话，我还需要 20 分钟处理手头上的事情，20 分钟后我去找你。"我相信大多数的协助并不会那么紧急，大多数的紧急都是没有做好工作安排，人为造成的。

那避免了多任务的危害，在单任务的优先级的处理上该怎么做呢？

假设我们要在家招待客人，要做 5 菜 1 汤 1 主食，且所用的厨具和做每道菜的时间如下，那么最短要多长时间可以把这桌饭菜做好？主要的操作顺序怎么样呢？

主要用具：			
1		灶台	2 个
2		炒锅	1 口
3		电饭煲	1 个
4		砂锅	1 个
5		盘、碟	10 个
饭菜：			
1		米饭	30 分钟
2		红烧鱼	20 分钟
3		啤酒鸭	30 分钟
4		小炒肉	10 分钟
5		麻婆豆腐	10 分钟
6		青菜	5 分钟
7		鸡汤	90 分钟

图 7-5

解答以上问题之前，我们先来了解一下时间管理的主要内容。了解过物理思维的朋友都知道，如果我们以重要程度和紧急程度这两个宏观态来衡量事情的话，那么微观态就会有 2 的平方，共计 4 种微观态。于是，事情优先级（本书的第二十五个思维模型）的状态可以用重要紧急、重要不紧急、不重要紧急、不重要不紧急来表示，如下图 7-6 所示。

	紧急	不紧急
重要	重要紧急	重要不紧急
不重要	不重要紧急	不重不紧急

图 7-6

我们都知道事情的优先级应该是：重要紧急 > 不重要紧急 > 重要不紧急 > 不重要不紧急。可实际工作中，我们通常只做到了"不重要紧急"这一步，由于时间不够就不了了之，或是敷衍了事。

时间的利用效率在实质上已经成了好的绩效和坏的绩效的分水岭。在绩效好的时候，管理层会忽略它；在绩效不好的时候，管理层却对它无法衡量、无法考核。

那关键链又是什么呢？

关键链（本书第二十六个思维模型）是由以色列物理学家高德拉特博士提出的一种基于约束理论（Theory of Constraints）的项目管理方法。即便我们可能没有听过这个说法，那我们至少也听过甘特图（图 7-7）。

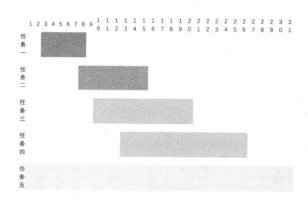

图 7-7

在这个一个月的项目中，如果再多一个任务五，而这个任务五是从 1 号到 31 号都要做的，那个这个贯穿始终的任务五就是那条关键链。当然，在实际的工作中，这种任务出现的机会并不大，真实的情况往往如下图 7-8 所示。

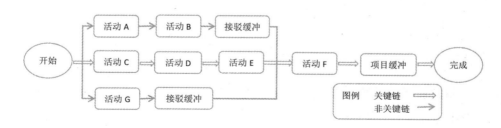

图 7-8

为什么中间那条是关键链呢？项目里包含关键链，往往是组织内的某种资源的紧缺性导致的。比如说，这个项目其中的一个人是专家，活动 C、活动 D、活动 E 都是需要他参加的，活动 C、活动 D、活动 E 就没有办法并行。活动 F 又只能等前面的活动全部完成才能开始，于是中间那条链的活动 C、活动 D、活动 E、活动 F 所需要的时间再加上项目的缓冲时间，就成了整个项目的最短时间。而最短时间的活动所组成的链就是那条关键链。

前面提到的专家可以是一个团队，一台设备等一切可能的制约因素，还记得 86 版西游记花了多久拍摄吗？答案是 6 年多，为什么拍那么久呢？导演杨洁的一句话给了我们答案：我只有一台摄像机用于拍摄。在此，我们不得不向老一辈艺术家致敬。

回到招待客人的假设中来，可以使用下图 7-9 所示：

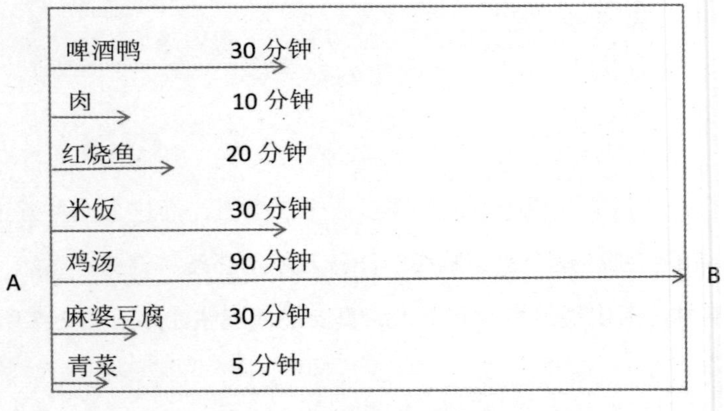

图 7-9

假设 A 表示开始，B 表示结束，显然最好的顺序就是先用砂锅把鸡汤煲上，然后用电饭锅把米饭煮上，这两件事是可以和炒菜并行的。

表面上看，我们受到的约束条件是只有一口炒锅，但按照关键链的解法，我们看"啤酒鸭 30 分钟 + 红烧鱼 20 分钟 + 小炒肉 10 分钟 + 麻婆豆腐 10 分钟

＋青菜 5 分钟"，合计 75 分钟，并没有超过鸡汤的时间，所以把饭菜全部做好的时间为 90 分钟。鸡汤就是关键链。

明眼的朋友会发现，按关键链的方法，笔者上图画的就是错误的。没错，为了给后续的应用留地方，更显而易见，笔者借鉴了甘特图的画法，并做了变形，把炒菜的时间都放在开始了。

那这个方法在实际工作中怎么应用呢？以某某公司销售部的实际工作为例说明一下（图 7-10）。

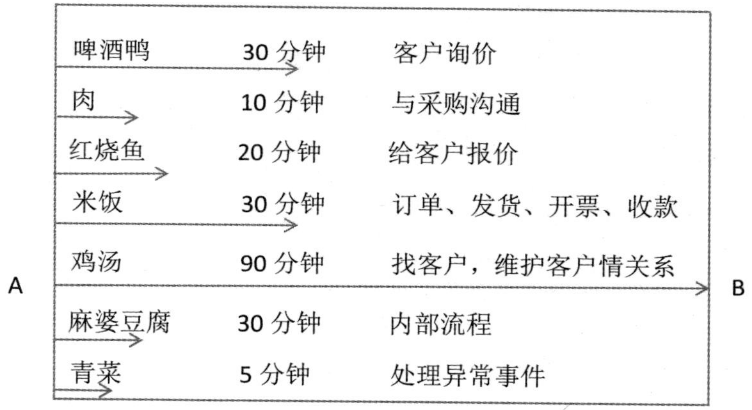

啤酒鸭	30 分钟	客户询价
肉	10 分钟	与采购沟通
红烧鱼	20 分钟	给客户报价
米饭	30 分钟	订单、发货、开票、收款
鸡汤	90 分钟	找客户，维护客户情关系
麻婆豆腐	30 分钟	内部流程
青菜	5 分钟	处理异常事件

A 　　　　　　　　　　　　　　　　　　　　　　B

图 7-10

我们可以以如上图的方式，将销售部的主要工作与菜品一一对应，然后根据实际情况，将事件的重要程度、紧急程度分好类。

提醒一下，对于销售部来讲，重要不紧急的工作为找客户、维护客情关系。这个工作是长期要坚持的事情，也是销售的核心能力体现，把它放在关键链就尤为合适。在找客户、维护客情关系的主关键链上、穿插其他事项。

其他事项的重要紧急程度视各公司的具体情况而定。基本原则如下：

1. 分清自己的优先级。原则：以客户（A 类）为第一维度，考虑将 A 类客户的重要询价、重要订单、重要发货、重要开票、重要收款为重要紧急事件。

2. 对每一项工作细分，分清优先级。

3. 处理完每一项工作的优先级最高的事情并将剩余的集中起来。

4. 为每一项工作分配好时间，并集中处理。比如，集中报价安排在下午一点半到两点半；集中发货安排在下午四点半到五点；五点后查漏补缺。

5. 其他的黄金时间用来开发客户，维护客户关系。

德鲁克在他的《卓越有效的管理者》一书中，花了大量的篇幅来讲时间管理这么一件事，可见这对于企业的重要性。对于个人来讲，用好上述时间管理的工具，定当让我们可以轻松应付工作和生活的压力。

教会员工正确的工作方式，能在很大程度上解决员工干不好的问题。也许有些朋友会讲，员工干不好，也可能是公司的实力不济。但笔者要说的是，如果有一个人干得非常好，那公司的实力就是没有什么问题的。如果硬要说有问题，就是没有把干得好的方法教给其他人。

极具竞争力的激励方式

销售人员的激励历来都是各个公司的大难题，处理不好，就为公司创造了很多竞争对手。特别是没有技术壁垒、创业门槛低的贸易行业，更是如此。有些销售人员的离职是因为干不好，更多的是因为没有长远的收益。

下面有三个案例，看都能给我们哪些启示。

渠道变革：老板电器的"千人合伙人"之路

老板电器在一、二线城市的市场占有率已经达到行业龙头的标准，但在二线以下城市则非常薄弱。2013 年，公司正式推动"千人合伙人"计划，通过推动代理商分拆、代理商核心员工利益绑定（持股或分红机制）两种方式来推动公司代理商体系快速下沉。公司计划未来 2 ~ 3 年将一级代理商数量发展到 200+ 个。截至 2015 年中期，一级代理商数量已经增长至 77 个，新拆分区域增长提升明显。

2013 年新划分代理商在 2014 年增长超过 300%。

代理商拆分确实对新代理商产生了积极的影响，使得新代理商的任务达成率和增长率都明显高于原有代理商。2013 年新拆分的代理商 2014 年同比增速远高于原有代理商（盐城、乐山、南充 2014 年收入增速 300%、450%、960%），且 2015 年上半年任务完成率 59%，高于原有代理商的 50%。

"渠道下沉 + 新品类"为公司中长期增长形成持续动力。

烟灶产品提价空间和利润率提升空间减少，但通过渠道效率提升、新产品（微波炉、蒸汽炉、烤箱、洗碗机、净水器、智能厨房生态、CCS 等）推进和新商业模式（智能化），我们预计公司未来 3 年仍能保持 30% 利润增长，支撑更长期的增长点也将在未来不断呈现。

风险：渠道改革推进不当导致经营出现波动，涉足新行业发展不利。

老板电器正在推行"千人合伙人计划"，此计划的根本目的让一级代理分公司转变经营体制，由独家个体经营转向股份经营，实现高管利益共享、风险共担。该合伙人模式核心内容包括两点：其一，授予核心高管一级代理分公司股权，入股合伙经营，由原来职业经理人变身事业经理人；其二，进行经营区域的拆分，对市场开拓能力强，愿意承担风险的高管，划出一定经营区域成立合资公司，共同经营新兴细分市场，从而快速完成渠道下沉。据悉，目前公司已经完成 10 个新兴细分市场区域革新，高管团队股份改造人数涉及一级代理公司 300 多名高管，这一数字今年还将增加。

老板电器总裁任富佳透露，该渠道改革从 2013 年 6 月开始，整个合伙人计划分为"两步走"。第一步，即区域分公司内部完成股份制改造，分公司高管变身合伙人；第二步，区域分公司下成立新的子公司，由分公司与新的合伙人双方共同持股。目前，全国各子公司及代理公司高管团队、新成立股份制代理公司总经理总计 560 人，今后通过 3 年发展，整个计划是扩充至 1000 个事业合伙人。

利益捆绑

事实上，"事业合伙人制度"已然成为时下中国民营企业最流行的快速发展模式之一。比方，地产行业，以万科、绿地为代表的房地产企业也在日前不约而同地推进了合伙人制度。不同之处在于，万科的事业合伙人制移植了互联网公司的"小股操盘"模式，而绿地职工持股会仍采取传统的"大股控盘"模式。

对于事业合伙人制度，万科总裁郁亮曾指出，这有助于管理层和投资者形成面对面的信任，进一步激发公司内部守业热情，为股东创造更大价值。从合伙到项目跟投、从股权到项目收益两个层面，激活员工对利润的期待，从而实现自我激励、自我管理、快速生长。

问题是合伙人制度形成了面对面信任，这种信任能否真的有效地将人性中更积极的因素激发出来呢？这其中的关键环节无疑在于双方如何将利益进行更加有效合理的捆绑。

对此，老板电器的合伙人制度规定：新建分公司实行共同投资的制度，即今后被派出筹建新公司合伙人与原所属分公司必须共同投资，而原分公司在该区域市场的固定资产将会折合成现金入股。如何让经销商、员工与企业一条心，某种水平上，只讲精神不讲物质只能一时，不能一世。合伙人制度真正有效解决了依靠流程、绩效互评、财务审计等无法解决的部门协同问题。陈伟指出，合伙人制度下，合伙人和股东的利益是一致的。那些钻空子、只顾眼前利益的做法将很难存在。从根本上，这是一种信任文化，大家才可以逾越短期绩效，朝健康组织的方向靠拢。

其实，中国民营企业的发展史上，大公司的合伙人制度不乏样本。比如阿里巴巴、复星集团等。阿里巴巴的创立发展过程中，最初的18位员工被称为"十八罗汉"。后来，开创人为了阿里巴巴的发展需要，觉得"十八罗汉"应该让一让位置，而外聘职业经理人，但后来发现职业经理人最终并没能留住，不如内部培养的稳定。

的确，感情上的忠诚度要比单纯的利益捆绑牢靠得多。陈伟说，这是老板电器所有合伙人必须由内部3年以上的一线员工中产生的原因之一，而所有的一级代理商其实也是从总部派往各区域市场的骨干员工，各地分公司的筹建资金都是由总部的授信额度与这些员工自筹资金组成，而他对自身的认识，还是"老板人"。

除了忠诚度之外，股权激励的设计必须与业绩坚持动态挂钩，这样初创团队才不会趴在股份上呼呼大睡。合伙人制度的另一个经典案例是1998年，腾讯创始人与他同学等"合资"注册了深圳计算机系统有限公司，直到 2005 年的时候，这五人的开创团队还基本是坚持这样的合作阵形，直到做到如今的腾讯帝国，其中 4 个还在公司一线。这归功于马化腾从一开始对于合作框架的理性设计。马化腾在总结这个合伙人的股份设计时曾说，未来的潜力要和应有的股份匹配，不匹配就要出问题。如果拿大股的不干事，干事的股份又少，矛盾就会发生。

合伙人制度必须是一个能够增加新鲜血液的动态体系，而非一成不变。陈伟强调，如果某个合伙人在一个市场上做了很长时间还是毫无起色，即被证明没有市场开拓能力，会给他调岗，但不是开掉，这样员工才既有积极性又不会失去平安感。

高管变身

2001 年，刘致群加入老板电器时还是个血气方刚的小伙子。14 年间，辗转过无锡、兰州、西藏、甘肃等区域市场。从骨子里，他认为自己就是企业的人，而不是一个代理商。刘致群说，这是老板电器与其他家电厂商在渠道模式上的根本不同，即管控式代理制。也就是说，各地代理分公司既要接受公司的统一管理，同时又有自己创业的概念。

2014 年 6 月之前，天津分公司是刘致群的独资公司。随着总部开始向全国推行"千人合伙人"制度，即对各分公司进行股份制改造，天津分公司增加了 11 个股东。此前，总部与各地经销商的关系是授予一定的授信额度，即货款支持。其次，总部对分公司各个网点具有业务监督权，包括渠道规划、运营、营销、人事架构、售后服务、流程规划等，而在财务、人事上则完全独立。

从 2014 年开始，刘致群开始物色筹建张家口分公司的新合伙人的人选，最终方小斌（化名）被推荐去老板电器总部面试。能力强、忠诚度高、工作至少 3 年以上、以前必须是市场一线的骨干操盘手的角色，这些都是考核的尺子。老板电器营销副总经理陈伟说。但他同时承认，合伙人制度的风险依然在于人的因素，即如何找到最合适的人。

对于核心团队与股权激励的关系，老板电器董事长任建华的看法是企业上市的目的第一是把核心员工留住，即使只做小股东，感觉也是不一样的。但激励不只是分股权，一些优秀的企业上市后做股权激励，反而造成核心员工甚至管理层流失等问题。因此，一个更有效的激励模式首先是尊重，尊重比什么都重要。同时，要给他一个平台，做什么事情大家一起分享。

老板电器的体制改革最早可追溯到1999年，公司完成了从集体企业向民营企业的革新。这一年，36岁的赵继宏加入这家正在二次创业的企业中。两年后，内部提出了"事业经理人"制度，即完全由代理商构成的分支机构转型为分公司专卖店直控体制，并确立"核销"体制，权力下放，形成职业经理人与代理公司合一的管理模式。事实证明，核销式直控制比实行年薪制更能激发人的积极性，总公司与分公司之间有了明确的利润分配。

引进赵继宏等高管后，老板电器开始有计划地推进"事业经理人"模式。2008年，老板电器开始谋划上市，其用了两年的时间进行公司内部组织结构的进一步改造。据老板电器一位高管说，重大决策一般是管理层提出建议，任建华会责令组织一个跨部门小组，然后大家去讨论，再去调研论证，整个过程执行起来很快。2010年，老板电器上市，随后内部股权激励的制度改革随着老板电器的市场扩张进一步加速。

2013年底，30岁的任富佳出任老板电器总裁。上任后不久，其便推出股权激励计划，即以2013年净利润为基数，要求未来3年净利润增长率不低于30%、65%、110%。该计划实行的第一年，公司2014年年报显示，公司实现营收35.89亿元，同比增长35.24%；归属母公司所有者的净利润5.74亿元，同比增长48.95%。

显然，这是一场不断深化的股份激励改革。那么，对于那些原本拥有独资公司的一级代理公司的总经理来说，是否愿意将市场进行新的划分，并且引入新的合伙人呢？对此，任富佳坦言，目前一级代理公司多年跟随公司已获得了丰厚的回报。这个时点，一级代理公司也要思考怎样把市场继续做大，即通过激励措施去激励更多的人。因此，大家的关注重心都在于怎样做大市场蛋糕，而不是局限于眼前的既得利益。此外，对于新拆分市场，原来一级代理公司可以拥有最高49%股份，即仍享有新市场开拓后带来的投资收益。所以，大家在未来方向上保持了一致性，不会有太大分歧。

对于一级代理分公司来说，市场竞争日趋激烈，想迅速占领新的市场，鼓励员工进行内部守业是渠道快速下沉的有效战术之一。与此同时，如今摆在刘致群这些各地分公司管理层面前的另一个主要问题是年轻员工容易流失。从发展的角度讲，一个人的能力、精力、学识、激情都会有衰竭的时候，而组织则不会。刘致群感慨地说，将原有的独资公司变成11个股东，未来或许还会有更多的股东加入，这有利于留住更多的人才。

合伙人制越来越被关注，就是因为员工在国家对大众创业、万众创新的不断倡导下，创业的观念发生了很大的转变，稍微有点事业心的人都想当老板，都想从根本上实现自己的财务自由。在这个大的环境下，这种趋势越来越明显。

怎么合伙呢？一句话概括："通过分公司的方式，让分公司的合伙人对项目进行跟投。"比如，万科的跟投规划为：投多少，谁能投。项目资金峰值的5%，项目所在一线公司管理层和该项目管理人员必须跟投；公司董事、监事、高级管理人员限制参加其他员工，自愿参与。大家试想一下，跟投了之后，万科的管理层和所有的跟投人员会不上心、会不努力吗？

通过分公司把触觉深入客户身边（古代的官员一般都斗不过太监，因为太监更靠近皇帝，客户是上帝，越靠近客户就越有利），从而做大蛋糕，让合伙人持有分公司的股份，共享分公司发展壮大的红利。

韩都衣舍的海星模式

海星是棘皮动物中结构生理最有代表性的一类。体扁平，多为五辐射对称，体盘和腕分界不明显。生活时口面向下，反口面向上。腕腹侧具步带沟，沟内伸出管足。内骨骼的骨板以结缔组织相连，柔韧可曲。体表具棘和叉棘，为骨骼的突起。从骨板间突出的膜质泡状突起，外覆上皮，内衬体腔上皮，其内腔连于次生体腔，称为皮鳃，有呼吸和使代谢产物扩散到外界的作用。水管系发达。个体发育中经羽腕幼虫和短腕幼虫。因此，海星无论你把它切成多少块扔回海里，它不但不会死每一块都会重新生长出新的海星。因此，这孕育出了"海星模式"，将自身分割成若干个小块，然后各个小块独自发展成为新的整体。

仔细观察现代商业，也慢慢学习了"海星模式"。

韩都衣舍几乎是一夜之间就变成淘宝第一女装品牌，尤其是它的老板赵迎光并不是服装行业出身，更让人觉得不可思议。其实也不必惊诧，行业外的人反而更容易颠覆这个行业的生存法则。这大概就是"不识庐山真面目，只缘身在此山中"。

那么，这个非服装行业出身的老板是如何将衣服卖得风生水起的？其中的秘诀是什么呢？

玩游戏时，熟悉规则是最重要的，几乎所有的游戏都有非常清晰的规则。比如玩麻将，如果有人想玩四川麻将，有人想玩北京麻将，大家谈不拢规则，那就玩不到一块儿去了。所以，游戏的前提是规则清晰，人人遵守，这样游戏才有继续的可能。

比如说，在优步系统中，司机如果想要接到更多的订单，有没有可能去找到订单分配员，拜托他多分配一些订单给自己，并给订单分配员一些好处费作为回报？不可能。因为根本不存在订单分配员。分配订单这个任务已经属于游戏自动流程的一部分，由游戏规则操控。司机能不能接到单子，完全取决于司机在系统中的表现评价和他所处的位置。系统会有一套算法，表现好的司机就会接到越来越多的单子，而表现差的司机单子越来越少。这样的规则可以督促司机改善服务质量，通过改善服务质量就能获得更多的机会和报酬。平台通过这套规则激励司机做出更好的表现，赢得更好的声誉；而打车乘客则通过互动参与，获得更好的服务质量。这是一个多赢的结果，这就是规则的力量。

如果司机觉得这个规则太束缚人，也没有关系，他随时可以选择进入和退出系统。规则铁面无私，只根据表现分配任务。人人都有机会获得更高的报酬，前提是他必须遵守规则。这套系统中完全没有人为干预，所有运营的核心就是这套算法。有了这套规则，优步才得以存在和发展，可以说这套算法就是优步的核心资产。

而赵迎光呢，在他最困难的时候，花费上千万的巨资打造了一套对摇淘宝的系统，把好的规则和算法植入其中，让员工在系统的规则下做到自动自发，让一个原本不确定的事情变得确定性十足。

服装业中，做国外品牌一般都只签约一个品牌。签约之后拿回来集中精力推广，然后就可以等着收钱了。但是，赵迎光的做法不一样。创业初期，赵迎光一口气拿到了韩国200多家小众品牌的代理权。按照传统做法，这种规模的品牌推广根本无从下手。无论先推广哪个、后推广哪个，200多个品牌都够忙一阵子的，而且赵迎光当时根本没有推广200多个品牌的资金实力。为了节省开支，他就去学校招聘。招来的人也与众不同，不叫员工，而叫创业者。赵迎光找到的一群人是来跟着他创业的，是来一起奋斗。招过来之后，把他们分成3人一组，一个做美工，一个做客服，一个做商务，一组就是一个小型网店，组织架构非常清晰。赵迎光为每个网店即小组提供启动资金10万元，网店可以在他代理的服装品牌里挑款自己卖，利润与赵迎光也就是企业按比例结算——10万元本金产生的利润中30%归公司，剩下的70%是小组自行安排。以此类推，无论利润的70%有多少钱，这些钱如何分配，都由各个小组自己决定。

具体公式为：不管团队卖出多少，他们下一次的进货额度＝上次的销售额

×0.7。也就是说，公司稳赚 30%（算上进货价还有一笔利润），而剩下的 70% 都是小团队的。即使有的团队只卖了 1 万，公司也会分给团队 7000，直到所有额度用完，团队解散。于是，他们拼了命地创造业绩，公司也实现飞速增长。公司每有 10 万元，便可以孵化新的团队。

大家试想一下，在这样的规则下，小组成员是不是会加油卖货？当然会啊，这不是普通员工给老板干活，这里面的钱有大部分是由小组自行支配的，就相当于给自己干。为自己干还会偷懒吗？当然是尽可能多卖了。

就这样，赵迎光将这种小组的模式不断复制、扩大，韩都衣舍成了一个创业小集体，销售额得到了空前的提升。赵迎光制定的游戏规则，大大激发了每个小组、每个成员的积极性，韩都衣舍 6 年间销售额增长了 500%。2016 年度营业收入 14.31 亿元，成为当之无愧的淘宝第一女装品牌。韩都衣舍采用的组织架构在日本叫作阿米巴，西方人则称之为"海星模式"。

乍看之下，蜘蛛和海星的外观挺像的，都是一个躯干，还有很多只脚。但消灭两者的方式却截然不同。如果砍掉海星一只脚，它能够生长出新的脚，本体不会受到任何影响，断了的那只脚还能长成一个新的海星。可蜘蛛不同，如果你砍掉蜘蛛的脚，蜘蛛就会死亡。而"蜘蛛模式"是大多数大型企业采用的一种模式。

赵迎光是笔者个人非常钦佩的企业家，作为一个服装行业的"外行"勇于打破行规的魅力实在令人钦佩。他关注员工的成长，充分了解人性，懂得员工来工作就是来"分"他的钱，他给予员工充分的授权，且接受局部的失败。相反，我们有很多的企业老板连把自己的团队打散，塑造成类似韩都衣舍三人组的小组形式的勇气都没有。

事实上，几乎所有的贸易类型的公司都可以建立若干个以一个销售、一个采购和一个跟单的三人小组。这个小组只对自己的业绩负责，对需要其他部门的支持的行为（比如财务服务、物流服务按金额的一定比例）进行转移支付，支撑部门的收入根据转移支付的金额的比例定，就可以调动支撑部门的积极性。

阿里中供铁军的提成方式

阿里中供铁军助马爸爸打下江山。作为阿里的老大，淘宝、支付宝都是喝着中供的"奶"长大的。如果你读过《马云"斩"卫哲：复原阿里史上最震撼的人事地震》，就能更好地了解中供铁军的前世与今生。当然，本书并不会对此做出解读，只是分析这中供铁军的绩效管理方式。

中供铁军为什么牛？

因为不仅为阿里巴巴打下了江山，而且为互联网行业培养了一大批CEO和高管。请看看从阿里中供铁军走出的行业大咖：程维，滴滴打车创始人兼CEO，2005年进入阿里巴巴旗下B2B（企业对企业）公司从事销售工作，后因业绩出色晋升，成为当时阿里最年轻的区域经理。后担任支付宝B2C事业部副总经理。2012年从支付宝离职，创立了小桔科技（滴滴打车）。干嘉伟，美团网COO。2000年2月，干嘉伟加入阿里，是阿里第67号员工，在阿里干了12年，从一线业务员做起，历任网站运营总监、市场总监、区域经理、大区总经理、副总裁等。在王兴6次拜访后，干嘉伟最终于2011年11月16日加入美团。吕广渝，大众点评COO，2004加入阿里巴巴，参与阿里B2B的开疆拓土，历任阿里巴巴大区总经理、集团副总裁，负责B2B海内外业务及运营工作，不仅参与推动了阿里一线销售工作，还主导了阿里从直营到代理的整个战略。2015年，加入大众点评担任首席运营官（COO）。陈国环，赶集网COO，前阿里巴巴B2B事业群渠道部总经理，在阿里工作12年，从一线员工做到手下管着1万多人，是阿里巴巴地推团队"核心中的核心，元老中的元老"。在业务创新、销售管理、市场运营等方面有独到认知，后任赶集网COO。张强，去哪儿网 COO，张强在阿里巴巴工作时几度获得阿里巴巴全国销售冠军，并在阿里巴巴香港上市期间拍摄的阿里价值观"六脉神剑"视频中代表激情。张强 2014 年 1 月 7 日加入去哪儿网，建立精干强大的直销铁军，覆盖上百万旅游目的地地面服务商户。

中供铁军的骁勇善战，不仅让原阿里系高管将中供铁军模式带入了滴滴打车、美团、大众点评、赶集、去哪儿网等国内知名互联网企业，就连没有阿里系高管的纷享逍客、一家号称移动办公领导者的互联网新锐公司，也借鉴阿里中供铁军的模式建立了近 2000 人的地面销售部队。

阿里巴巴中供铁军的荣耀可不是浪得虚名，因为他们的"铁人三项"很厉害。

第一是铁的目标。

阿里中供在贯彻"忠于目标"的时候是怎么做的？每个月在月底的时候，各个部门都会把自己下个月的目标写出来，并且会细化。目标细化到每一个小团队、每一个人，也就代表着层层绑定，目标不是一个部门领导的责任，也不是一个区域经理的责任，而是所有人的责任。目标分进公司给到区域的时候，区域要分给下面的经理、主管，主管要分给每一个人。

一旦目标敲定之后，从下个月的 1 日开始，这个目标就时时刻刻跟在你身边，用各种各样的方式。这些目标全部会写下来，不会是口头的。办公室里面都会贴上专门的板子，你的目标是什么，每过一天你的目标完成了多少，还剩多少。不同的组织，列的是不一样的。在区域就列下面各个主管组，各个团队；而在团队里面，就列团队每一个人。

每天早上有个启动会，大家去看这个目标，今天还离目标有多少，你就知道你还差多少，你要做出多少努力。每天晚上回到公司之后，我们再来开会讨论一下目标有没有可能实现，风险点在哪里，目标是时时刻刻印在脑子里的。

另外，短信和邮件也是每天跟踪的。每一个人，谁完成了目标，或者谁离目标是最接近的，都会有战报。会有专门的区域的销售协调来搜集信息，来做这个战报，每天晚上都跟进。

晚上回到公司，收到邮件，销售看到的一定是这个战报。另外一个是短信，每一个在外面奔波的销售，他的手机每天要收到N多条短信，这个短信当然有一些是鼓励的东西，有一些是安抚的东西。同时也会跟上，谁谁谁又成功了，他的目标已经提前完成了，谁谁谁的目标还差多少，今天你可以完成多少。就这样，目标真真正正地印在每一个细胞里面，想忘都忘不掉。

如果目标完不成会怎么样？目标完不成，公司没有任何处罚，但是所有人的目标既然已经公布出来了，那就代表它跟你个人的荣誉，跟你团队的荣誉也挂钩了。到月底，你没有完成，在月初启动会上，比如说我完不成，我要剃光头……

另外一个就是，完不成目标的这个员工，到月底，他的紧张程度，他的心理压力非常大，他甚至于睡不好觉。而这不代表他真的就是在乎这个收入。在乎什么？因为他会清楚地知道，我完不成，我的团队可能完蛋了，我团队里面其他人，一个团队假如十个人，其他九个就算完成了，他也要跟我一起，面对这种失败。大家是一体的，面对这种失败，这时候压力会非常大。

而此时此刻，从他的领导，包括他的队友都会在月底的时候全力以赴去帮助这个还没有完成，而且他可能完不成的人，这个过程当中无形地把团队的凝聚力提得非常高。你看这个已经不仅仅是一个目标的问题了，他更多的是一个团队建设的问题，一个团队凝聚力、团队战略的问题了。

第二是铁的纪律。

一个团队要有战斗力，它的管理绝对不是松散的，它的纪律一定是非常严格的。中供铁军更不例外！马云说他最欣赏阿里的干部，经常会提到干部调动，从来不会出现任何问题。一个分公司经理在广州，比如说今天下午接到总部的调令，说把你调到苏州分公司去。今天下午通知，明天早上就到，绝对没有任何问题。哪怕有家庭在广州，老婆孩子在广州，第二天上午一定会准时出现在苏州分公司，这是绝对没有任何问题的。

另外说一个也是很多"阿里人"特别纠结的事情。阿里早期期权奖励还是蛮可观的。在2003年，当年的业绩做到一百万，他的期权奖励是两万股票，也就是今天上市的八万股。今天八万股是个什么样的概念？八百多万美金，很多人的这笔股票都损失掉了，为什么？

因为2003年公司成长很快，很多销售在业绩做到超过90万的时候，公司突然就把他提升为主管了，直接就告诉他，你的能力不错，去承担这方面责任吧，做主管，明天赶到北京参加培训。也是当天下午通知，第二天要赶到杭州去参加培训。很多员工很纠结，但还是坚定地执行了。

其实，再给他半个月时间，他的百万就完成了，当时两万股，也就是今天的八百万美金就到手了。但是，那时候提升的很多主管，这个期权就都损失掉了。今天想起来的时候，心里面会有小小的遗憾。但是，从整体角度来说，也是无怨无悔的。

这就是铁的纪律。这个纪律无关乎你的地域，无关乎你的职位，无关乎你的收入、你的股票，什么都无关，只有一个就是执行，就是纪律。除了上述"令行禁止"的纪律，阿里其实还有大量"违反公司价值观、违反高压线"杀无赦的例子。这里就不再列举。

第三是铁的意志。

铁的意志，这个意志很多人都会讲，我们要去穿越沙漠，我们要去攀登某一个高峰，当然那个需要意志的。我认为，最磨炼人意志的应该是一件简单的事情重复做。我相信你攀登一座高峰，你的意志所经受的考验，不会超过一个十年如一日在一个生产线上拧一颗螺丝的工人。

同样的道理，也体现在销售上。销售更多的是年复一年、日复一日在外面去奔波，去拜访无数的客户，一天拜访五家客户、十家客户，一年要拜访多少家客户，每天重复同样的说辞，每天做着同样的事情，每天面对各个老板同样的眼光、同样的异样的眼光，或者说同样的对你的欣赏，每天都是这样。

一个销售如果说他真能年复一年、日复一日做这个，他的意志是毋庸置疑的。尤其是我们这个叫直销，做直销是要上门拜访，跟你做电话销售不一样，做电话销售，你看不到客户的表情，你感受不到客户的那种排斥，那种感觉还好一点。上门是更容易产生压力的。

看看中供铁军的常规工作，朝九晚六这个不会变。但是，员工一般是八点钟会到公司或者到办事处，很多小办事处都是租的是民房，每天早上八点钟到，把客户资料打印出来，将今天的路线排好。

到九点钟，就在别人刚刚到公司上班，泡一杯茶的时候，中供的员工已经把所有的东西都准备好，出发了。中供的销售工作在九点到六点是跟办公室是无关的，是跟老板（客户）的办公室有关的。九点钟你得出去，上午拜访客户。

中午怎么休息呢？中午很多时候，在城市市场还好，在一些偏远的一些市场，比如永康这种地方，有很多工厂企业，可能就在田间。所以，每个人包里就背着矿泉水，带着面包，就是防备这个地方没有吃饭的地方。有的时候可能在饭馆里面稍微坐一会儿，趴在那，眯一会儿，就开始下午继续拜访。

到晚上六点钟，回到公司，团队到一起分享。白天遇到一些什么类型的客户？一些什么样的客户有怎样的反馈意见？怎么样处理比较好？大家交流学习，再一起团建。比如说，一起吃晚饭。完了之后再去写日报，把东西写出来，进到系统里面。再然后开始收集第二天要用的客户资料，基本上到十点才会结束。十点结束之后，很多员工是带着电脑到家里面。回到家洗完澡，躺在床上，电脑又打开了，再收集一点资料，明天尽可能地多拜访几家，这是整个一天。

我相信，听完这一天的安排，很多人已经崩溃掉了。但是，中供的销售就是年复一年、日复一日就在做这样的事情。

中供铁军，你服不服？如果你是做企业的，或者你是带销售团队的，你是否也希望打造一支你自己的销售铁军？阿里的中供铁军打造的历程和模式，对你是个不错的参考。

得到结果的效率最重要，即使它很土，但它实用。天下武功，唯快不破。能把你打倒就行了，不要讲究好不好看。

阿里当年最疯狂的时候。1个电销业务员，1天打500通电话。1000多个业务员，1年他们能打出10多亿的产能。

中供铁军，1个人，1天必须拜访30个客户。3000多个业务员，1年能够产出30多亿。

所以，在那个年代，靠一支电销铁军加一支直销铁军，硬生生搞出了一家上市公司。靠地推打出天下的互联网第二梯队。那你会说阿里是奇葩，阿里是个例。你再看其他的，互联网的第二梯队。滴滴当年的打车大战，那些出租车司机是怎么来的，全靠我们人去地推把他搬上来的；美团当年的外卖大战，外卖就得把那些餐厅搬上来，餐厅怎么搬上来，请问除了靠直销、地推这种模式，你还能讲一个更有效的吗？

中供的这种铁的文化，并不一定适合其他公司，这个文化有的你就建立不起来，也学不会。铁军的成功也不单纯靠这些就能实现。笔者觉得，铁军的薪酬的算法也起了很大的作用。

作为销售团队，所有的公司都一样，薪酬很大的一部分都来自提成。那么，中供铁军的提成是怎么发的呢？这来源于马爸爸在一次飞机上的"奇思妙想"（错月提成）。

具体的方法为：指定出每个月的任务与提成比例的对应关系（数据非中供铁军）

2 万利润	8%
4 万利润	10%
6 万利润	12%

8 万利润	15%
10 万利润	18%
15 万利润	20%
20 万利润	30%

本月的提成 = 本月的利润×上个月的比例。

为啥是乘以上个月的比例。举例说明：上个月的利润为 23 万，提成比例为 30%，本月的利润是 4 万。提成就 =4 万×30%=1.2 万。这就相当于上个月好不容易拿到了一个高的提成比例，结果本月的业绩并不理想，反而是浪费了高的比例。所以，当本月结束后，一看业绩，下个月可以拿到了高的比例后，员工从下个月一开始，就会很努力地争取下个月拿到一个高的基数。

假如说通过努力，员工下个月做到 20 万，就意味着他下个月能拿到的提成是 20 万×30%=6 万。可以看到，6 万比 1.2 万相比就高出了许多。将员工下个月一努力了之后，业绩好了，就又会拿到一个高的提成比例，就又会刺激他们下下个月努力去做。只要努力，业绩就更好，只要更好，就会有更高的收益，于是形成良性循环。

如果再加上年度的总利润×对应上个年度的比例发放年终奖。那么，员工的工作表现就会更积极、更努力。当然，有阿里那样的期权就更无往而不胜了。

本章小结

本章主要讲想要公司整体绩效这个输出好，要从以下几个方面着手：打造内敛、双赢、尊重的核心价值观，挑选对的人，通过充分的培训，用富有竞争力的激励方式，解决员工在统一的价值观的指导下，会干并且愿意干的问题。

关键字：内敛、双赢、尊重、选人要点、沟通五步法、关键事件优先级、合伙人制、海星模式、错月提成。

读者可以思考一下：自己公司的激励方式，有没有充分调动销售人员的积极性，让销售能在公司的框架下在未来能够成为一个分公司的合伙人。